ット・プノン」
権時代（1975
した。現在は

リセ（高校）だった建物が使われた。見学の際には、日本語のオーディオガイドも用意されている。

建物の外側には自殺や逃亡を阻止する鉄条網が張りめぐらされている。室内には当時の拷問器具や犠牲者の写真などが展示され、重い空気が漂う。

多数の罪なき人々が監禁され、拷問を受け、死んでいった。

Cambodia

カンボジア取材アルバム

★キリング・フィールド　プノンペン

ポル・ポト政権時代、クメール・ルージュ（いわゆるカンボジア共産党）による大量殺害が起きた場所の総称。英語では「Killing Fields」と複数形。あちこちに存在する。今回、筆者らはプノンペンのチュンアイク村にあるキリング・フィールドを訪ねた。ワット・プノンから車で約40分ほどのところにある。

ここではトゥールスレーン収容所から連れてこられた人々が虐殺された。年中咲いているブーゲンビリアの向こうに見えるのは慰霊塔。

慰霊塔のなかには、クメール・ルージュの犠牲になった、おびただしい数の骸が積み上げられている。

戦争博物館 シェムリアップ州

市街地のオールド・マーケットから車で約15分。屋外の博物館。カンボジア内戦時代に実際に使用された戦車・爆弾・地雷など、大小の兵器が展示されている。

展示物に近づいて写真を撮ることも触れることもできる。

1954年のソ連製戦車。カンボジア国内で1979年から、ポル・ポト軍が政府軍と戦った、アンロンベンの戦場で1994年に破壊されるまで使われていた。

種々の地雷。銃やロケットランチャー（ロケット弾発射器）などが展示され、手に取ってみることができる。

ベトナムの協力に感謝する記念碑の広場 シェムリアップ州

シェムリアップ郡バン・ドン・パー村。ソッカ・シェムリアップ・リゾート・コンベンションセンターホテルから約1㎞、車で約5分。

カンボジアのすべての州（24州）に設置されている。国民感情に配慮してか、どうやら、この広場には名前がないようだ。塔の側面にはカンボジア、ベトナム両国の国旗も見える。

Cambodia

☆一ノ瀬泰造の墓 シェムリアップ州

シェムリアップ州バンテアイ・スレイ郡プラダック・コミューン、タナウトテン集落。シェムリアップ市街から車で約30分。

フリーランスの戦場カメラマン・一ノ瀬泰造はポル・ポト政権時代の1973年、アンコール・ワットに向かい消息不明に。クメール・ルージュによって殺害されたと考えられている。

通りから墓地への入口。墓は写真の左に見える小路を通り、小川を渡った先にある。

墓の近くには一ノ瀬泰造の写真と彼をモデルに制作された映画のポスターが掲げられていた。映画のタイトルにもなった「地雷を踏んだらサヨウナラ」は泰造自身が手紙に書いた言葉。

☆ナカタアツヒト村 コンポントム州

コンポントム州プラサットサンボー郡。プノンペンから車で約3時間。

「アツ（ATSU）ATSU小学校・中学校」。1993年、カンボジアの総選挙に国連選挙監視ボランティアとして参加し、活動中に殺害された中田厚仁さんが、殉職した場所を中心に村ができた。1995年に正式に「ナカタアツヒト・コミューン」と命名され、1998年に「アツ（ATSU）小学校・中学校」が開校した。

☆サンボー・プレイ・クック遺跡群　コンポントム州

コンポントム市街地から
シェムリアップへの道中。
車で約1.5～2時間
（ただし、順調にいけば）。

写真中央、3本の頭の丸いヤシはオウギヤシ。別名シュガーパーム。クメール語ではタナオッ。蕾から採れる液はパームシュガーになる、サトウヤシの一種。カンボジアで多く見られる。

プノンペンから車で約3時間。真臘(しんろう)時代(6世紀末～7世紀後半)の遺跡。アンコール前期後半のクメール建築。

壁の彫刻は「フライングパレス（空飛ぶ宮殿）」と呼ばれる。2017年、世界遺産に登録。

●アンコール・ワット

ホテルが多く集まる市街地から約7km、車で約15分。シェムリアップ国際空港からは約10分。

武力で王位に就いたスールヤヴァルマン2世（在位1113年～50年?）によって建立された。

☆アンコール遺跡群
シェムリアップ州

1992年にユネスコ世界遺産に登録された遺跡群。15世紀まで栄えたクメール王国アンコール王朝が建造した宗教寺院。約400㎢の地域内に600以上にも及ぶ遺跡が点在する。

アンコール・ワットでもっとも高く、神聖な第三回廊からの眺め。ここだけ、毎月の「仏足日」（カンボジアの仏教の日。月に4、5日ある）には入場禁止となる。

●アンコール・トム遺跡群　アンコール・ワットから北へ約３km、車で10分弱。

アンコール・トム遺跡群の中央塔・バイヨン。四面仏尊顔は「クメールの微笑み」といわれる。アンコール朝最盛期の王・ジャヤヴァルマン７世（在位1181年〜1218年？）が建てた。

「象のテラス」　象のレリーフが施されている。ジャヤヴァルマン７世によってつくられた。

南大門に至る陸橋には、ヒンドゥー教の天地創造神話「乳海攪拌」に出てくる、デーヴァター（神）とアスラ（鬼神）がナーガ（蛇族）を引き合う像が並ぶ。

「ライ王のテラス」　三島由紀夫の戯曲「癩王のテラス」に描かれた、病魔に侵されたジャヤヴァルマン７世がライ王とされているが、この説には根拠がないといわれる。

側壁には余すところなく彫刻が施されている。

「ライ王」の像（レプリカ）。実物はプノンペンにある「国立博物館」の中庭に置かれている。

●バンテアイ・スレイ遺跡

シェムリアップ空港から北東へ約40km。967年（ラージェンドラヴァルマン王の時代）に着工され、その息子ジャヤヴァルマン５世の時代、990年頃完成したと見られている。

「女の砦」という意味のバンテアイ・スレイ。建物が赤味を帯びているのは、ピンク砂岩が主に使われているため。

規模こそ大きくないが、洗練された印象を受ける遺跡。

至るところに施された彫刻は圧巻。

●タ・プローム遺跡

アンコール・トムから東側約１km。ジャヤヴァルマン７世が母の菩提を弔うために建てたとされる。映画『トゥームレイダー』（2001年）はここで撮影された。

入口付近

巨大な樹木の根が遺跡にのしかかっている光景は、自然の力を見せつける。

★ ウナロム寺院　プノンペン

1400年代に建てられた仏教寺院。道路の向こうにトンレサップ川。王宮や国立博物館まで徒歩圏内。

正面入口。

中田厚仁さん（左）とジャーナリスト石山幸甚さん（右）の慰霊碑。

ご供養に、お経をあげていただきました。

★ セントラルマーケット（プサー・トク・トメイ）
プノンペン市街

プノンペン最大規模の市場。生鮮食料、貴金属、土産物等なんでも。

真ん中がドームの十字型の建物。正面入口を入ったところでは貴金属、アクセサリーが売られている。

★ オールドマーケット（プサー・チャー）
シェムリアップ市街

シェムリアップ川の近く。日常品から土産物まで。

新鮮な果物が所狭しと並ぶ。写真左奥に積み上げられている茶色の丸い実は、クメール語でミエン（龍眼）。カンボジアのミエンはイチオシ！

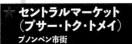

カンボジアの食事

周辺のタイやベトナム、インドなどと比べると馴染みが薄いが、辛すぎず、ハーブが香り、滋味に富む。どこか懐かしい味のカンボジア料理は日本人の舌にもとても合う

●クイティオ（米粉麺）

朝食に食べるのが一般的。21時以降、飲んだ後の“シメ”として提供するところもある。写真はチャーシュー入り。具はほかに牛肉、豚肉、鶏肉から選べる。プノンペンからコンポントム州への道中、ドライブインにて。

●サンクチャー・ラパゥ

カンボジアのスイーツ、カボチャのココナツミルクプリン。

器にしたカボチャごと食べる。ほどよい甘さと香りがクセになる一品。「カボチャ」の語源は「カンボジア」との説がある。

シェムリアップ 「バンテアイス・レイ・レストラン」のマムチャウ。

●マムチャウ

直訳すると「マム炒め」。写真右の皿、ペースト状になっているのが「マム」。豚肉をベースにした発酵食品。茹でた豚の腸や耳（左の皿）、生野菜につけて食べる。

プノンペン・ノロドム通りにある高級レストラン「マリス」のアモック。

バンテアイ・スレイ村の食堂「スレイ・クレーン」のアモック。ココナッツが器代わりに使われている。

●アモック

アモックはクメール伝統料理。ココナッツミルク、カレー、ハーブで味つけした魚の身をバナナの葉に入れて蒸した料理。そのままでも、ご飯と一緒に食べてもよい。

米中ソに翻弄されたアジア史

カンボジアで考えた日本の対アジア戦略

江崎 道朗 Michio Ezaki
福島 香織 Kaori Fukushima
宮脇 淳子 Junko Miyawaki

米中ソに翻弄されたアジア史
カンボジアで考えた日本の対アジア戦略

第一章 歴史編

現代カンボジアを知るための東南アジア史概説

東洋史家 宮脇 淳子

米中ソに翻弄されたアジア史
カンボジアで考えた日本の対アジア戦略

第二章　政治編

一　カンボジアの反仏独立闘争と日本

評論家　江崎道朗

ジャーナリスト 福島 香織

第三章 国際関係編

中国化するカンボジアの行方

第四章　鼎談編

中共の暴虐とインドシナの命運

昆明
貴陽
中華人民共和国
広州
南寧
ラオカイ
ハノイ
ハイフォン
タインホア
シェンクワン
ラオス人民民主共和国
チョンソン山脈
フエ
ダナン
メコン川
ベトナム社会主義共和国
南シナ海
シェムリアップ
アンコール・ワット
カンボジア王国
(ヴィジャヤ)
ニャチャン
プノンペン
ホーチミン(サイゴン)
オケオ
国境
首都
( )は旧都市
0
500km
マレーシア

東南アジア大陸部の諸国

ブータン王国
ブラマプトラ川
インド
バングラデシュ
人民共和国
ガンジス川
ダッカ
カルカッタ
（インワ・アヴァ）
マンダレー
サルウィン川
バガン（パガン）
ミャンマー
連邦共和国
（ビルマ）
イラワジ川
アラカン山脈
ブローム
チェンマイ
ペグー
ラングーン
スコータイ
ベンガル湾
タンダーリー
（テナセリム山脈）
チャオプラヤー川
アンダマン・
ニコバル諸島
（インド）
アンダマン海
タイ湾
インドネシア共和国

新書化にあたってのまえがき

江崎 道朗

外務省は今、大きく変わりつつある。長年、等閑視《とうかんし》してきたインテリジェンス分野を強化するとともに、中国の覇権主義に対抗する動きを強めているのだ。

毎年8月になると、各省は概算要求、つまり来年度に取り組む政策とその予算の概算を公表する。外務省が2022年8月に公表した「令和5年度概算要求の概要」の項目を見ると、《日台関係の推進》といった、中国が激怒しそうな事項が明記されている。

台湾以外にも、中国を念頭に置いた項目が目につく。

《太平洋島嶼《とうしょ》国を含む開発途上国の経済的自律性の向上》《日本及び開発途上国のサプライチェーン強靱《きょうじん》化に資する支援》というのは、中国に対抗して日本が、質の高いインフラ整備や海上保安能力構築の支援を行なうというものだ。

《経済的威圧への対応に関する調査に必要な経費》というのも注目だ。中国は巨大経済圏構想「一帯一路《いったいいちろ》」のもと、途上国へのインフラ整備を支援してきた結果、今や多くの国が中国に対して巨額の債務を抱えていて、その総額は90兆円を超えるといわれている。

しかも中国の対外融資は不透明かつ不公正であるとして国際社会でも問題視されるようになっている。その代表例がスリランカの「債務《さいむ》の罠《わな》」だ。インド洋の要衝《ようしょう》であるスリランカのハンバントタ港は中国の投資によって整備されたが、巨額の債務返済に窮したスリランカは２０１７年、運営権を中国企業に長期貸与し、事実上、「中国の港」と化したのだ。

中国は経済支援を使って「経済的に威圧」し、相手国の港湾施設などを軍事利用しようとしているのではないか。そうした疑念から日米欧などの先進国は、途上国の債務問題に取り組むようになった。中国による「経済的威圧」の実態を調査・解明し、国際ルールに違反した債務を帳消しにするか、契約条件を修正するよう中国に求めるようになったのだ。

２０２２年11月12日、カンボジアにて開催された日本と東南アジア諸国連合（ＡＳＥＡＮ《アセアン》）による首脳会議でも、この「経済的威圧」が話題になった。岸田文雄首相が「経済的威圧」への深刻な懸念《けねん》を表明したからだ。いつもならば口先だけの話だが今回、外務省は「経済的威圧」の実態を調べるインテリジェンス予算を計上している。

アメリカ、旧ソ連、そして中国がいかなる工作をアジアで繰り広げてきたのか、その工作に日本はどう対抗したのか。カンボジアに焦点を当てて描いた本書がこのたび新書化されることになった。日本政府、外務省、インテリジェンス関係者だけでなく、自由で開かれたインド太平洋を守ろうと願う多くの方々に読んでもらいたい。

２０２２年11月

まえがき

宮脇淳子

カンボジア旅行のベスト・シーズンは11月から1月である。カンボジアには雨季と乾季があり、11月から5月までの乾季のなかでも3月から5月は猛烈に蒸し暑いそうで、11月から1月は比較的過ごしやすい。といっても、私たちは2019年12月にプノンペンとシェムリアップに行ったのだけど、日本の真夏くらい十分暑かった。

私はモンゴル史の専門家なので、北アジアや中央アジアにばかり目が向き、これまで東南アジアにはまったく縁がなかった。アンコール・ワットに行ってみないか、と誘われたとき、ここなら仕事を完全に離れて思い切り気楽に旅を楽しめる、と思った。

旅仲間に誘った江崎道朗さんは、だいぶ前に盟友の倉山満さんに紹介されて親しくなり、著書も贈り合っているし研究会でもしばしばご一緒する。お誘いしたのは春だったが、旅行直前にフジサンケイグループ主催の正論新風賞を受賞されて猛烈に忙しくなり、過労気味だと聞いたので、日本から連れ出して少し休憩してもらえてよかった。江崎さんは前々からカンボジアには興味があったそうで、喜んで同行すると言ってくれた。

福島香織さんは、さらに前からの友人で、2012年には『中国美女の正体』(フォレスト出版)という共著も出している。同じ関西出身で女子会仲間でもあって、2018年春には、評論家の宮崎正弘先生の音頭で、モスクワからカリーニングラード旅行もご一緒した。このときはジャーナリストの高山正之先生もご一緒で、毎日本当に楽しかった。だから、カンボジア旅行に誘ったら、すぐに乗ってきた。

旧知の扶桑社編集者、小原美千代さんは、せっかく三人でカンボジアに行くのだから、本を出してくれるなら自分も同行できる、と言い出し、旅行前に社に企画書を提出して、それが通ってしまったのである。

旅行中のWi-Fiと海外旅行保険と、現地での鼎談《ていだん》時の食事代を取材費で賄《まかな》うから、といわれて、ま、いいか、と引き受けたのが、このような本を出すことになった理由である。

専門外だから気楽に楽しむはずだったのだけど、毎日真剣に見て歩き、現地の人に話を聞き、自由時間に三人で話したことはすべて録音されて、思いがけず東南アジア史についてしっかり勉強することになってしまった。

行く前はカンボジアのことなんか何一つ知らなかったのに、行ってみたら、現地の人たちの柔らかな人柄や料理のおいしさやアンコール・ワットとアンコール・トムの文化の高さにすっかり魅了されて、このようにご縁ができたのだから、カンボジアのために、私たちにできることは何かあるだろうかと三人で考えた。

私たちにできることといえば、カンボジアの現状を日本人に正しく伝えることだろう。というわけで、三人それぞれの得意分野で、精一杯に調べて執筆した成果が本書である。最後の鼎談は、旅行中だけでなく、帰国後も、2020年正月と、執筆の目処《めど》がたった7月の二度、駒込の岡田宮脇研究室に集まって話し合ったことから抜粋した。そのなかでも語っているように、私たちは、専門分野が違って、興味が違って、視点が違って、そして、三人とも切り口が違うから、それぞれのファンが買ってくれたら本書は3倍売れるかも。それで買ってみたら、それまで興味のなかった分野も読むことになって、そうしたら、それぞれの読者の世界が広がるだろうから、すごくいいことではないかと思うのである。

私が担当した第一章　歴史編「現代カンボジアを知るための東南アジア史概説」は、題名どおり、地理に始まり、古代から現代に至るインドシナ半島の歴史を、カンボジアに焦点を当てて解説している。あとの二人には、大学の講義みたいでわかりやすかった、と言ってもらったが、現地で見聞きしたことを私自身が理解したくて、帰国後、東洋史の先達の概説書を片っ端から読んでまとめた。実は、それらの書籍は岡田宮脇研究室に所蔵されていた。3年前に86歳で他界した師であり夫である岡田英弘が、友人である著者たちから献呈されていたのである。

第二章　政治編「カンボジアの反仏独立闘争と日本」を担当した江崎道朗さんは、私たち三人のなかでは、カンボジア近現代史にもともと一番詳しい。カンボジアに行くならぜひ訪れたい、と江崎さんがあげたのが、1993年、国際連合カンボジア暫定《ざんてい》統治機構（UNTAC）が実施したカンボジア総選挙の選挙監視員として活動中に殺害された、中田厚仁さんの殺害現場であり、現地に遺族によって建てられたナカタアツヒト小学校であった。そこは今ではアツ村と呼ばれている。プノンペンでは、中田さんの慰霊碑があるウナロム寺院にお参りし、僧侶に現地風の供養をしてもらった。

さらに、カンボジア内戦を取材中の1973年に消息を絶ち、1982年にシェムリアップ州で遺体が発見された日本人カメラマン、一ノ瀬泰造さんのお墓にも、私たちはお参りした。彼の写真・書簡集を題にとった浅野忠信主演の映画『地雷を踏んだらサヨウナラ』が有名である。

政治編の前半では、日本敗戦のあと復員せず、カンボジアの独立運動を助けた日本人、只熊力《ただくまつとむ》氏を通して反仏独立戦争を描き、後半では、米中ソの間で自己の権力確立だけを画策して内戦を引き起こすことになったシハヌーク国王の実態を描き出している。

第三章　国際関係編「中国化するカンボジアの行方」を担当した福島香織さんは、今や日本における現代中国論の旗手であるが、本書では、カンボジア生まれの華人工作員、周徳高のオーラル・ヒストリーに基づいて、華人視点からクメール・ルージュ（カンボジア共産党）と中共の関係を考察する。中共の革命輸出がどのようになされたのか、カンボジアだけでなく、東南アジアすべてにおいて、華僑・華人がどのような役割を果たしてきたかを、私たちはもっとよく知らなくてはいけない。それは、決して他人事《ひとごと》ではなく、今、日本が直面している出来事でもあるからである。

華僑・華人と中国人に関する諸問題については、鼎談で非常に率直に語り合っているので、読者諸兄姉には、今後の日本の行方を考える際の参考にしてもらえると幸いである。

第一章 歴史編

現代カンボジアを知るための東南アジア史概説

東洋史家 宮脇 淳子

一　古代から英仏の植民地になるまで

◆東南アジア大陸部はインドシナ半島という

「東南アジア」という呼称が広く用いられるようになったきっかけは、1942年に連合国が「東南アジア司令部」を設置したときである。日本軍の作戦区域である、イギリス領ビルマおよびマラヤ、フランス領インドシナ、オランダ領東インド、アメリカ領フィリピンの四植民地およびタイ王国を包括するような概念がなかったからだという。

ともかく、今、東南アジアと呼ばれる地域は、大陸部では西からミャンマー(旧ビルマ)、タイ、ラオス、カンボジア、ベトナムの5か国、島嶼部《とうしょぶ》ではマレーシア、シンガポール、ブルネイ、フィリピン、インドネシア、東ティモールの6か国である。

東南アジア諸国連合（ASEAN）結成時、1967年の加盟国は、タイ、マレーシア、シンガポール、フィリピン、インドネシアの5か国だったが、1984年にブルネイ、1995年にベトナム、1997年にミャンマーとラオス、1999年にカンボジアが加わって、現在は10か国である。

本章では歴史概説を行なうが、東南アジアのなかでも大陸部に話を絞ることにする。カンボジアの起源であるクメール史にはジャワ島が出てくることがあるし、マレー半島との関係ももちろんあるが、それよりも、東南アジア大陸部にとって重要なのは、古くからインドと中国（国家としての中国は１９１２年の中華民国までないが、戦後の日本ではチャイナの翻訳語として中国が使われるので、それにならう。本章ではこのあと19世紀までをシナと呼ぶことにする）の存在だった。そもそも、この土地をインドシナ半島と呼ぶようになったのはフランスが始まりだが、この言葉は、今でも立派に通用している。

戦前の日本で「支那」と書いた「シナ」は、英語のチャイナ（Ｃｈｉｎａ）、フランス語のシーヌ（Ｃｈｉｎｅ）と同じく、紀元前２２１年に初めて統一国家を建てた「秦《しん》」に由来する。だから今の中国は、漢字の「支那」には文句をつけるけれども、インドシナ半島だけでなく、東シナ海も南シナ海も、世界中でそのまま通用しているわけである。

インドシナは、インドとシナの中間地域だからインドシナというわけだが、インドシナ半島の大部分は、歴史的には古代インド文明の影響を強く受けており、シナ文明の影響下にあったのは、独りベトナム、それも長い間、今のベトナム北部だけだった。

インドシナ半島には南北に、西からアラカン山脈、テナセリム山脈、チョンソン山脈（アンナン山脈）などがそびえており、その間を、西からイラワジ（エーヤワディ）川、サルウィン川、チャオプラヤー川（メナム川）、メコン川、ホンハ（紅河）という大河が流れている。現在のベトナムではホンハをソンコイ川と呼ぶ。チャオプラヤー川だけがタイ領内に源を発し、残りはすべて、今では中国領である雲南《うんなん》からチベットに源流がある。

大河の中・下流部には大平野が発達し、人々に絶好の生産の場を提供し、やがてそこに国家が形成されるのだが、これらの沖積《ちゅうせき》平野群が、立ちはだかる山脈のために分断され、孤立した存在に押しとどめられたことが、東南アジア大陸部に統一国家が成立しなかった理由であると、石井米雄先生は言う（『世界の歴史14　インドシナ文明の世界』講談社、3頁）。

インドシナ半島で話されている代表的な言葉には、チベット・ビルマ語、タイ・カダイ語、モン・クメール諸語を含むオーストロアジア語がある。クメール語はカンボジア語のことであり、ベトナム語はこのモン・クメール諸語の一つである。このほかにもインドシナ半島ではたくさんの言葉が話されてきたので、「東洋のバルカン半島」と呼ぶ学者もいる。

◆東南アジアの歴史の始まり

東南アジア史は、内部で書かれた史料がほとんどないため、世界史の教科書で取り上げられることが少ない。古代について、とりあえず史料のあるところだけを見ていこう。そういう意味では、現地の発音をそのまま漢字で写した漢字文献がもっとも情報量が多い。しかし、漢字の史料があるからといって、そこが古くからシナ文明の影響下にあった、という現代中国の主張は政治的発言であって、史実ではない。

前述のように、紀元前221年に天下を統一した秦の始皇帝は、前214年、現在の広《カン》東《トン》省、広西《こうせい》チワン族自治区、北部ベトナムを征服し、南海郡、桂林《けいりん》郡、象《しょう》郡を置いた。郡というのは、特定の地域ではなく、首都から軍隊が派遣される城郭都市のことである。始皇帝が歿《ぼっ》し秦が滅びると、これら三つの郡は放棄されたが、南海都尉《とい》（南海郡の知事）だった趙佗《ちょうだ》が独立して南越国を建てた。紀元前111年、前漢の武帝が南越国を征服し、9郡を置いた。その範囲は、現在の広東省から中部ベトナムにおよび、交趾《こうし》郡、九眞《きゅうしん》郡はベトナム北部、日南《にちなん》郡はベトナム中部にあった。9郡はまとめて交州《こうしゅう》と呼ばれ、その長官である交州刺史《しし》は交趾郡に駐在した。交趾郡が現在のハノイ（河内）である。

一方、西方の史料では、紀元60～70年にギリシア商人が書いた『エリュトラー海案内記』がもっとも古い。エジプトのアレクサンドリアから、紅海、ペルシア湾、インド洋を経て、マレー半島からタイ湾を横断して、インドシナ半島の東海岸に沿って北上すると、ティーナという非常に大きな内陸の都市がある、と記している。当時、インドを中心とする国際貿易ルートがあったことがわかるのである（『世界の歴史13　東南アジアの伝統と発展』石澤良昭・生田滋著、中央公論社）。

インドシナ半島にインド文化が入ってきたのは、インドから多くの植民があったからではなく、インド人航海者や商人たちが長年にわたりインド文化を伝えたからである。そのなかでも特に、稲作と灌漑《かんがい》方法、宗教儀礼と主権の概念、文字、美術、武器などが港市から持ち込まれ、支配層に受容された。ただし、村落では自給自足の生活が続き、土着の精霊信仰などが、インドから伝えられたヒンドゥー教や仏教と共存した。

◆インドシナ半島最初の国家、扶南《プナム》

インドシナ半島でもっとも古く成立した国家は、1世紀から7世紀、メコン川下流からチャオプラヤー・デルタにかけて栄えた扶南《プナム》である。扶南は、古クメール語で「山」を意味する「プナム」であるといわれており、住民はモン・クメール系だったろうと生田滋先生は言われる（『民族の世界史6　東南アジアの民族と歴史』山川出版社、167頁）。7世紀の『梁書《りょうしょ》』に残る建国説話では、混塡《こんてん》というバラモンが来航し、現地の女王柳葉《りゅうよう》と結婚して国をつくったとあるが、混塡は、インドから来航したのではなく、マレー半島から来航したインドネシア系の人で、インド文明が入る前にマレー半島の人たちが入っていたという説もある。

いずれにせよ、扶南にはヒンドゥー教が伝わり、官僚として多くのインド人が採用され、サンスクリット語が法律用語として使われた。扶南はタイ湾に面し、インドとシナを結ぶ海上交易ルートの中継地として、現在はベトナム領であるオケオを外港として大いに栄えた。オケオからは南インド様式の仏像やローマの貨幣が多く出土している。

扶南国では、途中から王の名前が「〇〇〇ヴァルマン」というサンスクリット名になるので、4世紀に北インドで興ったグプタ文化が伝わったと考えられている。グプタ文化の特色は、バラモンの宗教と文化が尊重されたことであって、サンスクリット語が公用語とされたが、後世のようなカースト制もまだ確立しておらず、シヴァ神の祭祀が重要とされる一方、大乗仏教も並行して行なわれた。こうした特徴は、そのまま東南アジアで受け入れられたインド文明の特徴といっていい。

扶南は、海上交易に加えて肥沃《ひよく》な後背地の農業開発によって500年あまり繁栄したが、7世紀前半に、メコン川中流域に興ったクメール（真臘《しんろう》）に併合された。この真臘国は、次の水《すい》真臘、陸真臘と併せて前アンコール期と呼ばれる。メコンデルタでは、5～6世紀につくられた、南インド系のアルファベットを用いた「扶南碑文」と総称される碑文群が出土する。現在のカンボジア文字がインド文字を借用しているのは、扶南経由なのである。

◆日南郡から独立した林邑《りんゆう》が、チャンパ（占城）

137年、日南郡象林県領域外の蛮夷《ばんい》、区憐《くりん》が象林県の長吏《ちょうり》（高官）を殺して反乱を起こし、現在のベトナム中部のフエ地方を中心として林邑《りんゆう》国を建てた。これがのちにサンスクリット語で「チャンパ」と呼ばれる王国になる。住民はチャム人で、4世紀後半の国王バードラヴァルマンはシヴァ神の神殿を建てた。同時期のチャム語の碑文も残る。

チャム人はどのような人々だったのかというと、インドネシア語と同じオーストロネシア語を話す人々だったという説が有力である。

その立地から農地の不足に悩んだ林邑は、国富の基礎を海上貿易に置いた。そもそも、チャンパは単一の国家ではなく、沿岸の各地港市勢力を結んだゆるやかな国家連合体だったという説もある。初めは海上交易路の支配を求めてベトナム北部へ攻撃を繰り返していたが、10世紀以降、シナから完全独立を果たしたベトナムが南進してきたため、チャンパは南に中心を移した。11世紀には王がベトナムに捕らえられ、北部3州をベトナムに割譲する羽目になった。それでメコン川流域に進出し、今度はアンコール朝と衝突する。アンコール・トムのバイヨン寺院のレリーフに、チャンパ水軍が描かれているのがそれである。

1145年頃、アンコール朝の軍隊がチャンパの主邑のヴィジャヤを占領、さらにチャンパは1177年にアンコール都城を陥落《かんらく》させた。しかし、このアンコール都城奇襲がきっかけとなり、アンコール朝のジャヤヴァルマン7世は、1190年から30年にわたりチャンパをカンボジア領にしてしまった。チャンパは1220年頃に独立を回復したが、今度はベトナムの陳《チャン》朝から攻撃を受ける。1284年には、モンゴルが建てた元《げん》朝の遠征軍が海路から侵入したが、元軍は暴風にあい大損害を被《こうむ》った上、チャンパ王は山中に逃れ、2年にわたるゲリラ戦で撃退している。

ここでチャンパとチャム人の運命を現在までたどっておこう。現在のベトナムという国家の成り立ちを理解する上で役に立つと考えるからである。

14世紀前半、チャンパはベトナムの陳朝の圧倒的な軍事力の前に屈服していたが、後半には海路から陳朝を二回攻撃し、ハノイを焼き討ちするなどしている。1407年、ベトナムにシナの明《みん》朝が侵攻、併合したのに乗じて、チャンパは旧領土の一部を取り戻した。

1428年明を破った黎《レー》朝は、チャンパの主邑のヴィジャヤを陥《おとし》いれて焼き払い、その地にはベトナム農民が入植した。しかし、もともと各港市勢力の連合体だったチャンパは、引き続き南部沿岸のニャチャンやパーンドゥランガに居住し続けた。ベトナム中部を拠点とする阮《グエン》氏が17世紀後半にこの両拠点を併合すると、チャンパの一部はメコン川をさかのぼってカンボジア王に保護を求め、プノンペン近くに居住が許される。一部はマレー半島に逃れたが、もともとあった拠点に移動したにすぎないという説もある。

17世紀のチャンパにはイスラム教徒の王がいた。カンボジアに住むチャム人はほとんどがイスラム教徒である。現在でもベトナム中部から南部にかけて、約10万人のチャム人が、集団としてまとまって暮らしているという。

故地のチャンパでは居住地を失い、ベトナム国内では少数民族となったが、東南アジアの各拠点に逃れたチャム人、たとえば30万～40万人ほどもいるといわれるカンボジアでは、マレー半島やジャワなどと往来を続け、今でもイスラム教徒同士で婚姻関係があるそうだ（『世界の歴史13　東南アジアの伝統と発展』107・119頁）。

◆カンボジアのアンコール帝国

インドシナ半島部の歴史は、まとまった民族集団であるクメール人、ベトナム人、ビルマ人、タイ系諸族の人々が、時代を異にしながら北から南へ押し出す歴史である。これら南へ向かって移動した集団の先陣が、扶南を崩壊させたクメール（真臘）、つまり今のカンボジア人の祖先である。ちなみに、カンボジアもクメールも最初からある言葉で、民族・文化に関する分野では「クメール」、政治や国際的な問題を表すときには「カンボジア」を使用することが多い。

真臘（隋《ずい》と唐《とう》でこう呼ばれる）の故地はメコン中流域のバサック地方で、7世紀にトンレサップ湖の北岸近くまで南下したイシャーナヴァルマン王はシヴァ神の信者だった。王は数多くのリンガ（男根像）を建立した。ヒンドゥー教のヴィシュヌ神とシヴァ神を一体に合祀した、独特のハリハラ神像は、クメール民族芸術の始まりといわれる。260点をくだらない刻文史料のほとんどはサンスクリット語だが、クメール語の刻文も発見されている。

前述のように扶南はデルタ南部に本拠を置く海洋国家だったが、真臘は内陸の民だった。扶南を併合した真臘は、8世紀初頭、水真臘と陸真臘に分裂する。

クメール語碑文によると、ジャワから帰国したジャヤヴァルマン2世は、802年、魔術に詳しいバラモンを招いて儀式を行ない、「再びジャワの侵略を受けないように」自らを「デーヴァ・ラージャ」すなわち「転輪王（神の化身王）」になった。この秘儀を行なった山は、トンレサップ湖に注ぐシェムリアップ川の水源で、山上に「神なる王」の「精妙なる自我」の依《よ》り代《しろ》であるリンガを納めるピラミッド式の山寺が建設された。山寺は古代インド文明の須弥山《しゅみせん》をなぞらえており、クメールの諸王は、このアンコール王朝の創始者にならって、次々と壮大な山寺を建設した。この王統は928年まで続き、6代の王が即位した。

第一の王統のインドラヴァルマン1世は、アンコール王朝の基礎を不動にした王といわれる。

アンコール帝国の第二の王統は、ジャヤヴァルマン4世に始まる6代で、1003年頃まで続いた。第三の王統はスールヤヴァルマン1世に始まり、3代続いた。第四の王統はジャヤヴァルマン6世に始まり、15世紀前半のアンコール帝国の終わりまで続いた。

トンレサップ湖の面積は約3000平方キロで、増水期には3倍に膨張し、タンパク源の宝庫である。背後の大森林は豊富な木材を産出し、象をはじめとする各種の動物が棲息《せいそく》している。さらに北方にそびえるダンレック山脈からは、建築用材の砂岩や鉄が産出した。

しかし、この地方の年間降水量は1300ミリしかなく、しかも乾季と雨季に分かれて降水量にむらがある。インドラヴァルマン1世は、米を安定的に生産するため、「インドラタターカ（インドラの湖）」と呼ばれる「バライ」（巨大な人工湖）を建設した。今日その痕跡が明瞭に残されている最大のバライは、第一の王統のヤショーヴァルマン1世の「東バライ」と、第三の王統時代の「西バライ」である。どちらも3000万立方メートルの貯水能力があったと推定されている。アンコール文明はすぐれた都市文明であった。

アンコール王朝の繁栄は、第三の王統のスールヤヴァルマン2世に至って一つの頂点に達する。王は1145年にチャンパの主邑ヴィジャヤを陥れ、東はチャンパ領から西方はチャオプラヤー川までを版図《はんと》とし、アンコール・ワットを30余年かかって建設した。しかし、王の強引な征服戦争と大伽藍《がらん》の造営により、政治経済体制にほころびが生じて、王自身が戦乱のなか行方不明となり、ついにチャンパ水軍の侵攻を受けて、1177年アンコール都城は占拠された。

チャンパ軍を追い払って1181年に王位についた第四の王統のジャヤヴァルマン7世は、スールヤヴァルマン2世のまたいとこにあたる。東はチャンパから西はチャオプラヤー川流域、マレー半島北部、北はビエンチャンにおよぶアンコール帝国の最大版図は、この王によって実現された。ジャヤヴァルマン7世は仏教徒だったから、彼が建てたアンコール・トムの中心を占める山寺バイヨンに、「神なる王」の宿るリンガはない。その代わりに、龍王ナーガの上に坐《ざ》すブッダ像が安置されている。

ブッダの教えは慈悲の教えであったから、王は道路網を整備して街道に121か所の宿泊所を置き、国内102か所に病院を建てたといわれている。

20世紀のシハヌーク前国王は、フランスからの独立後、新生国家の建設を推進するにあたって、このジャヤヴァルマン7世の時代を理想とした。シハヌークによる「クメール・ナショナリズム」とは、自らがアンコール王朝の末裔《まつえい》という血筋を強調し、古代アンコール文明の現代への復活を試み、国家建設の正統性に結びつけようとしたものだった。彼が唱えた「仏教社会主義」も、ジャヤヴァルマン7世の大乗仏教を信奉した慈悲深さに、社会主義的要素が内包されているとした。しかし、東南アジア大陸部全域に勢力を広げたアンコール王朝全盛期を理想化して国民統合を実現させようとしたのは、現実を直視しない時代錯誤《さくご》だったのではないだろうか。20世紀のカンボジアについては本章の二で詳しく述べる。

◆アンコール帝国の衰退

13世紀初めジャヤヴァルマン7世が歿すと、アンコール帝国は急速に衰退期に入った。1220年には西北隅のスコータイでタイ族の反乱が起こり、独立を宣言した。このあとスコータイがしきりにアンコール帝国の辺疆《へんきょう》を侵していたことが、13世紀末にこの地を訪れた元の使者、周達観《しゅうたつかん》著『真臘風土記《しんろうふどき》』にも記されている。ただ「城郭」「宮室」「官属」「語言」「争訟」「耕種」「貿易」「村落」「軍馬」「出産」等々、41項目に分けられたどの部分を読んでも、このときはいまだ国内は隆盛で、都城がどんなに壮麗で文化レベルが高かったかがわかる。

今も残るアンコールの大伽藍や回廊のレリーフを見ると、現在のカンボジア王国との落差に誰もが愕然《がくぜん》とするだろう。なぜ、このような大帝国が滅び去ったのだろうか。学者たちがいろいろ論じてきたが、まだ納得のいく解答はない。ここでは、さまざまな論を列挙して、本書で討論する現代カンボジア史を考える材料の一つとし、日本の将来を考える上で他山の石にしたいと思う。

一　アンコール朝の王位継承は、前述のとおり、王統が四つあることからもわかるように、必ずしも王の血縁者が相続していくわけではない。約６００年の王の系譜を調べてみると、実力主義である。複数の王位継承権主張者がいる場合は、戦闘により決着をつけた。このことは、アンコール帝国が滅びたあとのカンボジアの運命にも大きな影響を与えた。つまり、王位継承争いのせいで、西のタイと東のベトナム、さらにはフランスにつけいる隙を与えた。内部抗争というなら、タイとベトナムのみならず、米ソや中国などとの国際関係にも翻弄されて、一つにまとまることができなかった、第二次世界大戦後のカンボジアも同様である。

二　アンコール帝国時代につくられたすべての寺院は、これを建立した王に属するものであるという。たとえばスールヤヴァルマン2世の建てたアンコール・ワットは、ヴィシュヌ神と一体化した「神なる王」を祀《まつ》る神殿として建てられ、王の死後はその棺《ひつぎ》を納める廟《びょう》となった。そして、別の王は別の神殿を建て、さらには母のための神殿も別に建てた。それらはすべて個人に属する神様を祀るものであるから、次の王にとってはなんら意味を持たない。次の王は自分の神様を持ち、その神様のための神殿を建てる。こうして、数多くの伽藍や寺院が建てられ、忘れ去られたのだそうだ。

三　カンボジアでは今でも、個人の精霊を「アスナ」といい、一人ひとりに別々の精霊が存在する。だから、大臣になればアスナも大きくなると考える。それとは別に、庶民は、「土地の精霊（ネアック・ター／ニャクター）」を信仰し続けてきた。土地神は「私たちの神」なので、その土地に住むかぎり、子孫に継承していかなければならない。だから「ニャクターの家」、つまり日本人のいう神社が、どんな村にもある。また、たとえば森に入るときには、必ず先に、おいしい物を葉っぱに載せて、水をかけて、どうぞ召し上がってください、私たちはこういう理由でここに来ました、私たちを守ってくださいとお願いするという。

四　アンコール帝国の衰退に話を戻すと、大寺院の建立が国の富財を失わせ、属領が離脱して租税の徴収や労働力の調達に打撃を受けたことのほかに、この頃からカンボジアにも伝わった上座部《じょうざぶ》仏教（小乗仏教）が、特権階級の独占物だったヒンドゥー教に代わったことも、その原因に数えられると、前述の石井先生は言う。

◆ビルマ族の南下

ビルマ族の故地については諸説があるが、7世紀にチベット古代統一王国が成立し、8世紀に雲南に南詔《なんしょう》王国ができると、徐々に南方に押し出され、10世紀にはイラワジ川に現れた。中流域のチャウセー平野にもともといたモン族からインド起源の文字を学び、ヒンドゥー教や仏教を受容し、水稲耕作と灌漑技術を習得したのち、11世紀にアノーヤター王がパガンを中心とするビルマ族最初の国家を建設する。

パガン朝は仏教に熱心に帰依《きえ》し、アーナンダ寺院を代表とする多くのパゴダ（仏塔）を建てたが、モンゴル軍によって滅ぼされた。次に述べるように、日本への「蒙古《もうこ》襲来」とほとんど同時期であるのが興味深い。

1253年大理《だいり》国がモンゴル帝国に併合されると、1271年元朝の創始者フビライが服従を求める使者をパガンに派遣した。1273年フビライは再び使者を派遣し、王族と大臣を使節として大都《だいと》（北京《ペキン》）に差し出すように求めたが、使者はパガンで処刑されたとも、帰途、雲南で暗殺されたともいわれる。1277年パガン王はすでにフビライに服従していた雲南省の金歯《きんし》国を攻撃した。元はただちに反撃したが、はかばかしい成果をあげることができなかった。１２８３年に元の本格的な遠征軍が派遣され、１２８７年にパガン朝は滅びたのである。モンゴル帝国の支配は、南部ビルマでは１２９０年まで、北部では１３０３年まで続いた。

その後ビルマはほぼ三つに分かれた。一つは南部のモン族を主体とする国で、都はペグーだった。北方では現在のマンダレーの近くのアヴァにパガン王国の王族による王国ができたが、実権を握っていたのはタイ族の貴族だった。もう一つ、東方のトゥングーを中心とした王国があった。１３５３年にはタイ族の支配するペグー王国が成立し、北方でも１３０９年にアヴァの南に成立したタイ族の王国が１３６３年アヴァに移り、約２世紀にわたってアヴァ王国として存続した。ビルマが復権するのは、16世紀前半になってからである。

◆タイ族の南下

タイ族の故地も今の中国南部である。11世紀のチャンパ碑文に捕虜の名として見える「シャーム（シャン、シャム）」がインドシナ半島に出現したタイ族の始まりで、12世紀にはクメールの彫刻にも姿が見える。アンコール・ワットの第一回廊のレリーフに、堂々と行進するクメールの軍隊の前を、だらしなく歩く雑兵の群れがシャーム人兵士である。

13世紀末になってタイ族の動きがにわかに活発化した背景には、アンコール帝国の衰退のほかに、モンゴル軍の侵攻が、ビルマのパガン朝、チャンパ、ベトナムの陳朝などに衝撃を与えたせいだといわれている。

北部のチェンマイ王国（ランナータイ）、中部のスコータイ王国、メコン川上部のランサン王国（ルアンプラバン）、14世紀半ばに成立したチャオプラヤー川下流のアユタヤ王国、パガン朝滅亡後、上《かみ》ビルマの覇権を握ったシャン人の国々、ピンヤ、サガイン、アヴァも、広義のタイ系諸族の国々だった。

タイ文化揺籃《ようらん》の地といわれるスコータイは、アンコール帝国が西北国境に建設した地方拠点で、13世紀初期までクメール人太守が統治していた。この地方の一首長の息子がクメールの王女と結婚し、アンコール朝から王侯の称号を与えられ、クメール人地方長官のもとで代官として働いていたという。

タイ人はアンコール朝からさまざまな技術と文化、特に政治制度と文字を吸収した。スコータイ3代目のラーマカムヘン王が創始したシャム文字（古代タイ文字）は、クメール文字の草書体から派生している。現在のタイ語も、「王室用語」は大半がクメール語に由来するという。クメール語抜きでは「国王が食べる」も「国王が行く」も言えないのである。

ラーマカムヘン王は、セイロン（スリランカ）から伝えられた上座部仏教を取り入れた。ヒンドゥー教、大乗仏教などに立脚したそれまでの王権思想に代わり、サンガという出家者の組織を保護し、俗権をつかさどる王はそのサンガの庇護《ひご》者として王権の正道を主張するというものである。

ラーマカムヘン王の時代に、スコータイの支配領域は、東はビエンチャン、東北はルアンプラバン、西はペグー、南はマレー半島のナコンシタマラートに達した。ビエンチャンは、アンコール帝国の最大版図を築いたジャヤヴァルマン7世が建設した病院の最北端に近い。しかしこのスコータイも、わずか1世紀の繁栄ののち、南方に興った新興タイ勢力アユタヤに圧迫され、やがて併合された。メコン川流域には新しいタイ族の国、正確にはその一支派であるラーオ族の王国が誕生した。このランサン王国（百万の象の国）が、今のラオスの始まりである。

◆ベトナムの歴史は反シナと南進

ベトナムの歴史は、最初に触れたように、すべて漢字で書かれ、シナ文明との関係に終始する。シナ文明は、ビルマ族やタイ族が先行のモン文化やクメール文化を柔軟に取り入れたのとは対照的に、今の中国にもみられるように、強権をもって推進する同化策が特徴である。

チャム族は日南郡から独立したが、その後も長い間、北のホンハ（紅河）デルタは中央から派遣される漢人太守《たいしゅ》の支配下にあった。その他、貿易のために来て定住するようになった漢人商人とその子孫、本国で失脚した高官やその家族、戦火を避けて移住してきた難民、流刑に処せられた者など、さまざまな人々がベトナムに移り住み、この国のシナ化に貢献した。

ベトナムの歴史はシナに対する反乱の歴史でもある。後漢の光武帝の時代、紀元40年には二人の娘子《じょうし》将軍が反乱を起こした。今ではベトナムのジャンヌ・ダルクと呼ばれている。

ベトナム史は、シナからの独立を果たすまでに、第一次北属期（紀元前111～39年）、第二次北属期（43～544年）、第三次北属期（602～905年）がある。空白期間は反乱期である。

そのあと、李朝《リー》（1009～1225年）、陳朝《チャン》（1225～1400年）、黎朝《レー》（1428～1527年）、西山朝《タイソン》（1786～1802年）、阮朝《グエン》（1802～1945年）と続いた。1527年から1786年は分裂期で、2世紀半もの間、北部の鄭《チン》氏政権と南部の阮氏政権に分かれて抗争した。南北分裂に終止符を打ったのは西山党の反乱で、阮氏も鄭氏も滅亡する。この乱のとき、阮氏最後の王の甥《おい》、阮福暎《グエンフックアイン》がタイに亡命し、ピニョーというフランス人宣教師の援助もあって創建したのが最後の阮朝である。

話を戻して、11世紀、初めてシナから完全独立を果たした李朝は、シナをモデルに中央集権国家を建設しようとした。戸籍を設け、天子軍という近衛《このえ》軍を組織し、1075年には科挙《かきょ》の試験を導入し、儒学を教育する国立大学である国子監《こくしかん》をハノイに設けた。しかし同時に、仏教も国教ともいうべき地位を与えられていた。

次の陳王朝の祖先は福建《ふっけん》の人で、4代前にベトナムに移住したというから、現代風にいえば華人である。この時代にベトナムの民族意識が高揚し、1272年には漢文の『大越《だいえつ》史記《しき》』30巻が編纂された。チュノム（字喃）というベトナム固有の文字が創案されたのも、このときである。民族意識が高揚した背景には、三度におよぶモンゴル軍の来襲と、南方チャンパとの相次ぐ戦争があった。モンゴル軍のベトナム侵入は領土的野心からではなく、一度目は、雲南からベトナムを経由し、背後から南宋を攻める通路確保が目的だったし、二度目と三度目は、南方諸国を支配するのに必要なチャンパ攻略作戦の一部だったといわれている。

チャンパとの関係については前述したとおりで、ベトナムの南進によってチャンパは土地を奪われ、陳朝に入ってダナンまで失った。黎朝の1471年、ベトナムの大軍が陸海よりヴィジャヤを攻め、チャンパは実質上滅亡した。このときベトナムは今の中部まで拡大した。

1527年、黎朝の家来の武人が皇帝を殺して自ら即位したので、黎朝は100年で1度断絶する。しかし南方で黎朝の旧臣阮氏が別の皇帝を建て、1592年ハノイの奪取に成功した。こうして65年ぶりに黎朝は復興したが、このあと、ヴァ（王）である皇帝黎氏は、精神的権威を持つ名目的存在となり、政治の実権は、チュア（主）と言われる武人の手に握られることになる。このあと王の名目的支配のもと、阮氏と鄭氏という二人の主が対立するのである。

ベトナムにやってきたヨーロッパ人は、鄭氏との主導権争いに敗れて南遷《なんせん》した阮氏の支配域を「コーチシナ」、鄭氏の支配域を「トンキン」と呼んだ。阮氏は18世紀中葉までに、ほぼ現在のベトナム南限に達する領土を獲得し、長らくカンボジア領だったメコンデルタの開発には、清軍の追及を逃れてベトナムに亡命した明の遺臣が活躍した。

◆ベトナムとタイによるカンボジア領の侵略

１４３２年にタイ（アユタヤ期）軍によってカンボジア王が廃され、アンコールは放棄されてクメール人の首都はプノンペンへ遷《うつ》る。こうして6世紀にわたるクメールの栄光は終わった。その後のカンボジアは、王位継承をめぐる王家の抗争が慢性化し、タイとベトナムによる干渉の口実を与えることになる。

タイがアンコールを攻略したあと、カンボジアはタイの朝貢《ちょうこう》国となり、国王の即位にアユタヤ王の認証が必要とされるようになる。

17世紀にベトナム人がメコンデルタに進出してくると、西方から加えられるタイの圧力をかわす均衡勢力の意味を持つとして、カンボジアはこれを歓迎した。しかし、西からの脅威を除くために東の強国の力に頼る政策の帰結するところは、しょせん新たな脅威を東に持つこと以外の何物でもなかった。

1623年、阮氏政権からプレイノコール（のちのサイゴン）の税関所の移譲と、カンボジア最南端に拠点を建設する権利を要求されたカンボジア王は、これを承認し、18世紀末までにはメコンデルタのほぼ全域がベトナム人の支配下に入ってしまった。

一方、1782年に内戦を避けて、建設したばかりのタイ（現在まで続くラタナコーシン朝）の首都バンコクに亡命した幼いカンボジア王オン・エンは、この地で12年を過ごしたあと、バンコクで即位してタイ王から称号を与えられ、タイの軍隊に守られてカンボジアに帰国する。このとき護衛軍の指揮をとったタイの将軍がバッタンバンとシェムリアップの知事に任命されこの両州はタイの統治下に置かれた。

オン・エンは、タイ国王の力でカンボジアの王位を得たにもかかわらず、帰国するとただちにベトナムに朝貢し、フエの宮廷に入貢している。

そしてタイ、ベトナム両国に対するカンボジアの二重朝貢関係を打開するためにカンボジア王の打った手が、まったく新たな第三の勢力を導入することであり、それがフランスだったのである。

◆イギリスがビルマを植民地にする

16世紀にポルトガルがやってきたあとの、スペイン、オランダ、イギリス、アメリカと続く東南アジア島嶼部の植民地化について、ここでは述べる紙幅を持たない。東南アジア大陸部の植民地化についてもっとも大きな役割を演じたのはフランスであるが、ビルマについてだけイギリスにも触れよう。

東南アジア島嶼部に比べて大陸部の植民地化はずっと遅く、加速度を増すのは19世紀後半である。ここまで見てきたように、そもそも東南アジア大陸部に住む人々は、今の中国の内陸部から順次南下してきたのであって、この地域に全民族が出そろうのは、実に13世紀になってからである。国境という概念がなかった歴史を、日本人はなかなか理解できない。海という、天然の要害に囲まれた日本史とは、成り立ちが全然違うのである。

インドシナ半島の諸国家のなかでも、民族構成がもっとも複雑な国はミャンマー（旧ビルマ）である。現在ではロヒンギャがよく問題にあがるが、南部にはモン族、東部山地のシャン族、カレン族、西部のチン族、北部のカチン族などがおり、中部盆地のビルマ族が人口の上では圧倒的多数を占めるといっても、全人口の6割にすぎない。

ミャンマーの国民統合の最大の問題となっている少数民族問題は、実は宗主《そうしゅ》国イギリスの置き土産である。イギリスはビルマにおいて、国境内におけるすべての種族を原住民とみなし、ビルマ族とその他の種族を分割して統治した。たとえば植民地軍において、イギリスはキリスト教徒のカレン族をはじめとする非ビルマ族を重用した。インド支配の際、多数のヒンドゥー教徒を少数のイスラム教徒と分離して統治したのと構図はまったく同じである。

お隣のタイでは、辺境地域にタイ族以外の諸種族が居住すること自体は自然なこととされ、彼らが王に恭順《きょうじゅん》の意を表するかぎりは、すべては王の臣民である。だから、タイにはミャンマーのような少数民族問題は存在しないといえるのである。

1752年に建てられたビルマのコンバウン朝は、1767年にタイのアユタヤ朝を滅亡させ、ついで西方のアラカン地方を制圧したが、ここはイギリス領インドのベンガル州と境を接していた。さらに北方のマニプールやアッサム地方でも、ビルマはしばしばイギリス領内に侵入した。国境という概念が確立していなかったからである。

1823年、ビルマ軍がベンガル州に入ると、イギリス軍はこれを撃退し、1826年にビルマからアラカンとテナセリム両州を割譲させ、100万ポンドの賠償金を支払わせた。これが第一次英緬《えいめん》戦争である。1852年には第二次英緬戦争があり、これによって下《しも》ビルマがイギリス領になり、デルタの中心地ラングーン（現ヤンゴン）が、商業都市としてのみならず、イギリス領インドのベンガル湾からマレー半島を結ぶ戦略的要地として急速に発展した。

ビルマ人はどちらかというと内陸の民で、海に近いデルタの支配者はモン族であった。デルタ地帯は18世紀半ばにビルマ人世界の一部に組み込まれ、余剰人口のはけ口となった。コンバウン朝はモン人との戦争遂行の必要から、ラングーンのような城郭都市をデルタのなかに建設したけれども、屯田《とんでん》兵の派遣や流刑囚などによる計画的な開拓事業は行なわなかった。しかし１８５０年代には、ビルマ人がデルタの主となっていた。

当時のデルタ人口は１００～１２５万人で、すでに27万ヘクタールの土地が耕され、その90パーセント以上に水稲が植えられていた。しかし、コンバウン朝は米禁輸政策をとっており、米を外国には一切輸出していなかった。生産された米の大半は、貢納米として上ビルマに輸送されていたのである。デルタを植民地に編入したイギリスが最初に手をつけたのが、米の輸出の解禁だった。デルタの水田面積は１８８０年代には２４０万ヘクタールに拡大し、輸出高も２００万トンに達した。

１８８５年の第三次英緬戦争で、新首都マンダレーは陥落し、最後の王ティボーはボンベイに追放されて、ビルマ全土はイギリス領インドの植民地になった。折しも、清仏《しんふつ》戦争に敗れた清国がベトナムに対する伝統的宗主権を放棄した直後で、イラワジ川を利用して雲南進出の機会をうかがっていたイギリスが、同じくホンハ（紅河）を遡行《そこう》して雲南に商業的勢力を拡張しようとしていたフランスの動静に神経をとがらせていたことによる結果である。

◆フランスがベトナムを植民地にする

南北ベトナムを統一した最後の王朝阮朝の首都はフエにあった。嘉隆《ザロン》帝として即位した阮福暎は、１８０４年に清から越南国王に封じられ、同年、国号もベトナム（越南）になった。彼は亡命時代にはフランス人宣教師の援助を得たが、その後はキリスト教布教がいきすぎないように配慮した。代々の皇帝も、フランスの文化を取得しながらも、カトリック宣教師に圧力をかけた。フランスはやがて、ルイ・ナポレオンの膨張政策を背景に、イギリスとの植民地獲得競争もあって砲艦外交に転じ、１８６２年にサイゴンおよびその周辺の３省を占領し、１８６７年にはさらに西部の３省を占領して、この植民地をコーチシナと呼んだ。

メコンデルタを大々的に開発したのはフランスだが、もともと農業開発を意図したものではなく、デルタ各地で発生した反乱鎮圧に出動する軍隊の輸送路としてつくった運河網が、排水と通路の役割を果たし、米作地として生まれ変わったのである。１８６６年に21万６０００ヘクタールにすぎなかった水田面積は、１８９５年には１０２万６０００ヘクタールに達し、１９３０年までには２１２万ヘクタールを超えた。１９３０年にサイゴン米の名で中国、フランス本国とその属領、日本などに輸出された米は年間１３７万トンにのぼった。１８６２年から63年にかけてメコンデルタを占領したフランスは、無主の土地を大規模に没収して官有地とし、これをフランス人や植民地政府に協力的なベトナム人に無償で分与した。彼らはこれを小作人に耕作させた。コーチシナの水田面積の60パーセントが小作地だったという。

フランスは、１８８３年から84年に、アンナン（中部ベトナム）、トンキン（北部ベトナム）の両地域を保護国化し、清仏戦争に勝利したあとの１８８７年には、これらを一括してインドシナ連邦と呼んだ。

タイの属国となっていたカンボジアに対しては、フランスが、ベトナムの伝統的宗主権の継承を主張する。タイの支配に服して国家の独立を失うか、フランスの保護下に入って独立を保つかの選択を迫られたカンボジア王は、１８６３年、ベトナムに代わってフランスがカンボジアの宗主権を引き継ぐという協定に調印した。

1893年、フランスは砲艦2隻でタイ政府を威嚇《いかく》し、タイはメコン川左岸と中州の権利を放棄するとともに、ラオスに対するフランスの保護権を認めた。1899年ラオスはフランス領インドシナに編入された。

◆フランス領インドシナ連邦

フランス領インドシナ連邦のなかでも、カンボジアとラオスの統治を考える上で注意したいのは、フランス人官吏《かんり》の補助者とされたベトナム人の役割である。フランス植民地政府は、フランス人を補佐する下級官吏や警察官として多数のベトナム人を登用した。

植民地の公用語はフランス語だったが、これと並んで行政の領域でベトナム語の重要性が高まり、カンボジア人やラオス人でも、官吏となるためにはフランス語とともにベトナム語を習得しなければならなかった。かつて宗主国としてラオス、カンボジアに君臨したベトナムは、今度はフランスの植民地支配のもとに、新しいよそおいをまとった支配者として現れたのである。カンボジア人、ラオス人とベトナム人との間の民族的憎悪は増幅され、両者の不信感はいっそう高まった。

フランス領インドシナ連邦では、プノンペン、ビエンチャンに中等教育機関が各1校設けられていたが、在校生の6割がベトナム人だった。連邦内唯一の高等教育機関であるハノイのインドシナ大学では、1937年の段階においてさえ、612人の学生中、カンボジア人は三人、ラオス人は二人だったという。

現在、日本から見ると、カンボジアにおける中国の存在感は増すばかりで、ほとんど属国ではないかと危惧するほどであるが、現地で話を聞くと、中国よりもベトナムのほうがもっと危険だし、ベトナム人のほうが嫌いだという。それは、ベトナム戦争のはるか前からの歴史的背景と直接の経験から出たものである。

前述のように、今のベトナム南部はかつてはカンボジア領だったのが、1623年、阮氏政権がカンボジア王からプレイノコールにおける市場開設の許可を得たあと、治安維持を口実に出兵し、占拠していったところである。コーチシナと呼ばれたメコンデルタ一帯には、従来からのクメール農民に加えて、華僑勢力と新参のベトナム農民の勤勉な労働力が加わり、耕作地が拡大し農業が発展して今日に至っている。

本章の二で見るように、ベトナム戦争にカンボジアとラオスが巻き込まれていったのは、地勢上、極めて当然のことである。何事も国家単位でしか考えない日本人のものの見方のほうを変える必要があると思うものである。

◆独り独立を保ったタイ

タイ族は、民族移動の最後に南下した人々である。前述のスコータイ朝を継いだアユタヤ朝も、クメール王宮の伝統と制度を受け継ぎ、外国との交易によって栄えた。西隣のビルマとは、ベンガル湾貿易をめぐって何度も勢力争いを繰り広げ、勝ったり負けたりしていた。デルタの農業開発には大量の移民を迎え入れ、その多くは華僑だったが、カンボジアから来たクメール人もいた。

1767年にビルマを追い払った英雄タークシン将軍の父は、アユタヤに移り住んだ潮《ちょう》州《しゅう》華僑だった。タークシンはしかし、晩年精神錯乱に陥《おちい》ったといわれ、1782年、旧友であり腹心の将軍チャクリーがクーデターを起こし現在の王朝の創始者となった。これがラタナコーシン朝のラーマ1世で、別名チャクリー朝あるいはバンコク朝と呼ばれる。

ラーマ1世が新たにつくった都がバンコクで、新王宮の用地に選ばれたのは、華僑の富豪の邸宅とその周囲の華僑街だったと『王朝年代記』は記す。接収された土地の代替地として与えられたのが、今日の華僑街サンペンの起源である。貿易都市である新首都バンコクの人口の半数は華僑で、タイ人は3割にすぎなかった。ほかにベトナム人、カンボジア人など近隣の人たちが来航していた。

17世紀に日本にもしばしば渡来した「暹羅屋形仕出船《せんらやかたしだしせん》」はアユタヤ王の貿易船のことであるが、100人前後の船員のうち「暹羅人」（註：「暹羅」はタイ王国の旧称「シャム」のこと）は数名で、残りはすべて「唐人」だった。つまり、華僑による請負貿易だった。タークシン王は同郷の潮州華僑を「チーン・ルアング（王室御用華僑）」と呼んで厚遇していたというし、チャクリー王に邸宅を明け渡した華僑の富豪に王が賜《たまわ》った名前は、「ラーチャー・セーティ（王室御用の富豪）」という（『世界の歴史14　インドシナ文明の世界』233‐235頁）。

このように見てくると、タイという国家は、最初からさまざまな民族で構成されていたことがわかる。今でもタイの政治・経済を握る人々は華僑・華人が多数を占めるが、全員がタイ語の名前に改名しているので、そうとは気づかれないのである。

ラーマ1世の時代、マレー半島にビルマ軍の侵入が繰り返され、これに対してタイ軍が撃退した。1795年には、前述のようにカンボジア王を即位させた代償に、バッタンバンとシェムリアップ両州を併合した。これを継いだラーマ2世は、1814年にカンボジアのムルブレイ州を吸収し、マレー半島でイギリスと争った。

ラーマ3世の時代に第一次英緬戦争があり、ビルマからの軍事的脅威が取り除かれ、1826年イギリス領インド総督と和親条約を結んだ。1828年にはラオスのビエンチャン王国を併合、カンボジアの宗主権をめぐってベトナムと衝突したが、1845年講和条約を結び、カンボジアに対するベトナムとの共同宗主権が承認された。そして、ラーマ4世時代に全面的開国をする。

1868年、チュラロンコーンがラーマ5世として即位する。タイの明治維新といわれる時期である。フランスに対してベトナム・ラオス・カンボジアに接する領土の一部を割譲、イギリスに対してはビルマ・マレー半島に接する領土の一部を割譲、両国に対して合計で30万平方キロを割譲したが、その結果として、植民地化の危機を免《まぬが》れた。

それは、英仏が直接の衝突を避けようとしたためでもある。1896年、英仏の間で、タイを緩衝《かんしょう》地域として残す合意が成立した。

二　植民地解放闘争

◆植民地闘争の歴史

前半では、インドシナ半島の古代に始まり、ミャンマー（ビルマ）がイギリスの植民地に、ベトナムとカンボジアとラオスがフランスの植民地になり、タイだけが独り独立を保ったところまでを概説した。後半では、第二次世界大戦を経て、インドシナ半島がどのように現在に至るかを概説するわけだが、史料の少ない古代とは別の意味での難しさがある。それは、現代史は、細部に入り込めばきりがないほど膨大な史料があることと、立場の異なる政治的発言をどのように評価するかがまだ決まらないことである。100年を経なければ歴史にならない、という言い方があるが、たとえ100年経ても、神様ではない歴史家が客観的評価を下すのは至難の業《わざ》である。

ここでは、カンボジアの現状を知るために必要な出来事だけを選び、東南アジア史を初めて読む日本人読者のために、フランス領インドシナにおける植民地闘争、日本軍の仏印進駐、第二次世界大戦後のインドシナ戦争、ベトナム戦争、ベトナム・カンボジア戦争と、経緯を説明していこう。ミャンマーについては、インパール作戦やアウン・サン将軍とビルマ独立義勇軍など、日本との関係も深いが、紙幅の都合で割愛する。タイについては少し触れる。

話を1885年に戻すと、フランスは圧倒的な軍事力で阮朝を屈服させ、ベトナムを植民地にした次の瞬間から、絶え間なく続くベトナム人の抵抗に悩まされることになった。

もともと阮朝国家の底辺には、閉鎖的で自立性の高い農村があり、農村は儒教的知識人である「文紳《ぶんしん》」（フランス語で「マンダラン・ノタブル」）によって統治されていた。シナの農村とよく似ている。全国の文紳たちは初め、フエを脱出した第8代咸宜《ハムギ》帝の檄《げき》に応じて各地で壮烈な戦いを展開したが、やがてフランスが村落レベルの「トンキン人評議会」を設置するなどの融和策を打ち出すと、抵抗を止めて降伏し、1888年頃までにはほとんど平静化してしまう。

ベトナム最初の独立運動家として知られるファン・ボイ・チャウ（潘佩珠）は、19歳でこの文紳の蜂起《ほうき》に参加して失敗、1900年に科挙の郷試に合格して文名を知られ、1905年に日本に武器援助を仰ごうと来日した。しかし、ファンから日本政府との仲介を依頼された、清から亡命中の梁啓超《りようけいちよう》は、代わりに在野の大隈重信、犬養毅、福島安正、

フランス領インドシナの成立年

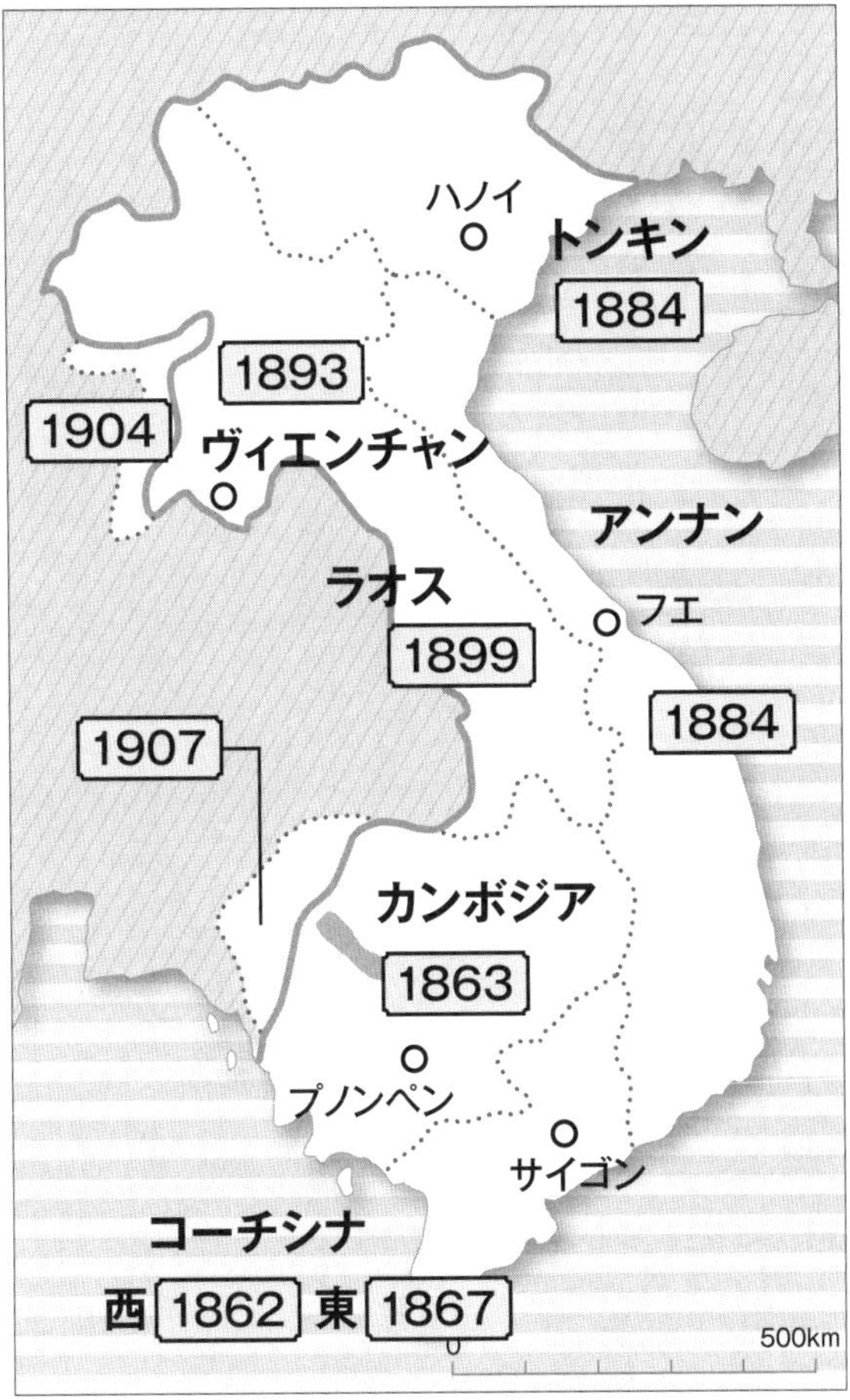

出典：『世界の歴史14 インドシナ文明の世界』石井米雄著、講談社

根津一、柏原文太郎らに引き合わせ、みなで武装蜂起計画の無謀さをいさめた。武器援助よりも人材の養成が急務だという忠言を受け入れたファン・ボイ・チャウは、故国の青年たちに日本への留学を呼びかけ、これに応じて日本に留学したベトナム青年は200人を超えた。これを「東遊運動《ドンズー》」と呼ぶ。ファンが日本にいる間に漢語で書いた『ベトナム亡国史』は梁が刊行した。

しかし、日本留学生たちが「新越南公憲会《えつなんこうけんかい》」という反仏独立結社を組織して活動すると、フランスは本国にいる留学生の父兄を投獄したり、送金を妨害し、日本政府には1907年に締結した日仏協約により、「公憲会」の解散と反仏留学生の国外追放を暗に要求し、東遊運動は挫折する。

フランス植民地政府は、ベトナム国内では、福沢諭吉の慶應義塾にならった「東京《ドンキン》義塾」を、穏健な啓蒙主義的近代化運動だったにもかかわらず1908年に閉鎖し、同年の陳情デモや平和的な集会に対しても、容赦なく銃弾を打ち込み、残虐な斬首行為を行なった。このような弾圧に対し、今度はテロリズムなどの過激行動が起こる。1912年には「越南光復会」による要人殺害、1913年の秘密結社「天地会」の武装蜂起、1915年の「光復軍」のゲリラ活動と「ベトナム国民党」による要人テロなどが続いたが、いずれもフランス植民地政府の弾圧を受けて壊滅した。

◆インドシナ共産党とホー・チ・ミン

のちにホー・チ・ミン（胡志明）の名で有名になった革命家グェン・アイ・クォック（阮愛国）は、1890年、ゲアン省に生まれた。ここはファン・ボイ・チャウの出身地でもある。ホー・チ・ミンの父は、苦学の末科挙の試験に合格したベトナムの伝統的知識人だったが、息子のグェンは1911年21歳で故国を離れ、長い放浪生活を送ったのち、パリに定住する。

1919年、グェンはベトナム人として初めてフランス社会党に入党し、1920年、ツールで開かれたフランス社会党大会で、インドシナ代表として植民地住民の解放を要求した。このあと、彼はフランス共産党に入党し、1924年の選挙では、共産党から国民議会議員に立候補し当選した。しかしフランス国籍を持たなかったため当選が無効になると、モスクワに赴《おもむ》いて、コミンテルン第五回大会に出席し、コミンテルンに対して植民地問題と取り組むように要請した。彼はその後広東に赴き、ここで「ベトナム青年革命同志会」の結成に指導的役割を演じる。

「同志会」が北部と中央に分裂し、さらにもう一派が名乗りをあげて共産主義運動が三派に分裂すると、コミンテルンは、当時、東北タイ在住のベトナム人の組織活動に従事していたグェンを呼び戻した。１９３０年2月、香港で三派代表の会議が開かれ、三派を統一して「ベトナム共産党」が成立した。同党は10月コミンテルンの指示で「インドシナ共産党」と改称し、翌１９３１年4月コミンテルンの正式支部となる。

インドシナ共産党の目標として、フランス帝国主義打倒・民族独立と、地主の土地再分配という二つのスローガンが設定されたが、延べ50万人が参加したといわれる労働者・農民のストライキ、デモは、フランス側の軍隊によって徹底的に弾圧され、共産党指導部の大部分は逮捕され、流刑に処された。１９３２年までに逮捕された政治犯の合計は1万人におよび、そのうち83人が死刑の宣告を受けた。当時香港でコミンテルンの仕事に関わっていたグェンもイギリス官憲に捕らえられ、以後長く消息を絶った。

次に述べる日本軍の仏印進駐を知ったあとの１９４１年2月、グェン・アイ・クォックは江西省《こうせい》からひそかに国境を越えてベトナム領に入った。30年ぶりの故国である。カオパン省の北辺の山岳地帯に住む少数民族の協力を得て洞窟に隠れ住んだグェンは、厚い森林におおわれたパクポの洞窟に同志を召集して第八回中央委員会を開催し、ここに「ベトミン（越盟）」つまり「ベトナム独立同盟会」が正式に発足した。

１９４４年末、中国から帰国したホー・チ・ミンことグェン・アイ・クォックは、それまでのベトミンの武装蜂起の方針を批判し、政治工作を重視する「ベトナム解放武装宣伝隊」を編成、ゲリラ活動を行なってフランス軍を悩ませた。

１９４５年3月9日、仏印駐屯日本軍はフランスをクーデターによって追放し、インドシナを単独で支配する体制を固め、バオ・ダイ（保大）帝を擁立《ようりつ》して独立宣言を行なわせた。以後、インドシナ共産党のスローガンは「日本ファシストを追い出せ」に変わる。8月13日、日本軍無条件降伏のニュースを知った共産党は、全国蜂起委員会を設置し、同日夜、一斉蜂起命令を発した。8月19日ハノイ全市で蜂起が発生し、21日に解放軍主力がハノイに入城、中部のフエでも8月23日デモ隊が官庁を接収し、月末にバオ・ダイ帝が退位を宣言した。9月2日、ハノイのバディン広場の50万の民衆を前に、ホー・チ・ミンは臨時政府を代表してベトナムの独立とベトナム民主共和国の成立を宣言したのである。

◆日本軍の仏印進駐

話を戻して、１９３７年7月、盧溝橋《ろこうきょう》における日・中両軍の衝突を契機として始まった支那事変（戦後は日中戦争と言い換えさせられているが、事変と戦争は、どの組織が邦人保護をするかなど大いに異なる）は、日本軍部の当初の予想に反して長期化した。翌38年10月に行なわれた日本軍の武漢《ぶかん》・広東両作戦の成功によって中国は海への出口を失ったにもかかわらず、重慶《じゅうけい》に移動した国民政府は、蔣介石《しょうかいせき》のもとで根強い抗戦を続けていた。こうした中国の抗戦を可能にした原因の一つに、第三国を通じて行なわれる武器弾薬や軍需物資の補給があった。

援助物資の輸送路として用いられたいわゆる「援蔣ルート」には、「西北ルート」「仏印ルート」「ビルマ・ルート」「沿岸ルート」の4本があったが、輸送量から見てもっとも重要なルートは「ビルマ・ルート」と「仏印ルート」の2本だった。特にベトナム北部から中国へ入る「仏印ルート」を通じて重慶に送られる軍需物資は、総輸送量の約半分に達するとみられていた。

1940年6月、フランス本国がナチス・ドイツに敗退するや、日本はこれを好機として重慶補給ルートの遮断を要求し、さらに監視委員の仏印派遣を申し入れた。十分な軍事力を持たない仏印総督カトルーは、やむを得ずこれに屈服、本国のヴィシー政権（ヴィシーを首都としていた）は、カトルーが独断で日本の要求に屈服したことを理由に彼を解任した。7月ドクーが代わって総督に就任した。

同年9月22日、日本－仏印協定が結ばれ、日本軍の北部進駐、飛行場の使用が認められた。23日、2万の日本軍が陸路鎮南関《ちんなんかん》より南下してベトナムのランソンに侵入した。ランソン駐留のフランス軍は3日間の戦闘に敗れ、バクソンの洞窟地帯を経てタイグエンに向かって潰走《かいそう》する。バクソンの住民は一斉に蜂起し、逃げるフランス軍から武器を奪った。この蜂起は、ベトナムにおける最初の反帝武装闘争として、今日でも高い評価を受けているが、日本軍と協定を結んだフランス軍が立ち直ると、たちまち鎮圧されてしまった。25日、仏印総督ドクーはフランス軍に停戦を命令、26日、日本軍はインドシナ派遣軍を正式に編成し、ハノイに軍司令部を置いた。

１９４１年6月、日本はフィリピン、インドネシア、マレー、ビルマへの進攻を決断し、南部仏印駐兵と、日－仏印共同防衛協定の締結をヴィシー政権に迫った。7月23日、協定が結ばれ、28日に日本軍はサイゴンに進んで、対英・米・蘭作戦の準備にあたった。以後、１９４２年7月まで、サイゴンは日本の南方軍総司令部として、南方侵攻への作戦・補給基地の中枢となったのである。

フランス本国がドイツに敗れたあと、独力で植民地を維持することが困難になったヴィシー政権と植民地政府は、日本と協力する道を選んだ。軍事面では日仏の共同警備の体制が続き、仏印政府は、日本軍の北部仏印進駐の翌月1940年10月から4年半、日本軍の駐留経費の支払いも行なった。この潤沢な資金により、日本軍はインドシナにおいて軍票を発行する必要がなかったのである。

◆タイの恐ろしい政治力

1939年、ヨーロッパで第二次世界大戦が勃発した直後にタイは中立宣言をしたが、翌年日本軍が仏印に進駐すると、ピブーンソンクラーム首相はフランスと開戦、1941年には日本の仲介により、1904年と1907年にタイがフランスに割譲した領土を取り戻した。1941年12月8日に日本軍が英米に宣戦し、タイ南部に上陸すると、タイは日本軍の通過を認め、21日には日本の同盟国となる。1942年1月8日にイギリス軍がバンコクを爆撃したので、25日、ピブーンソンクラームは英米に宣戦布告し、タイは枢軸《すうじく》国として参戦することになった。

しかし、1943年になって日本の劣勢が明らかになると、タイは日本に面従腹背《めんじゅうふくはい》の態度をとるようになる。東條英機首相がタイを訪問し、ビルマの領地をタイに割譲するから日本に協力するように説得したが、ピブーンソンクラーム首相は、日本が負けたあとイギリスから報復されるのは困ると考え、受け取れないと返答しているし、同年11月の大東亜会議に自らは出席せず、親王を送り込んでいる。

極めつけは、日本の敗戦後、それまで地下で自由タイ運動を組織していた、元閣僚のプリーディーが姿を現し「タイの宣戦布告は無効である」と宣言したことである。宣戦布告には3人の摂政《せっしょう》すべてのサインが必要とされるが、プリーディーはサインしなかったというのである。アメリカは直接的に利害関係がなかったため、タイは日本の占領国であったとして、この宣戦無効宣言を受け入れた。イギリスはすぐには応じなかったが、アメリカに説得された。領土の返還を求めるフランスの攻撃に対しては、1941年に併合した領土の引き渡しに応じ、フランスとも終戦協定が成立した。

米英に宣戦布告したときの国王はラーマ8世である。ただしまだ若年でスイスに留学していた。1945年に成人に達したラーマ8世は、12月にスイスより帰国したが、1946年6月、額を銃弾が貫通した不可解な状況で死亡が確認された。わずか20歳だった。侍従《じじゅう》ら5人が逮捕され、3人が死刑に処された。

変死したラーマ8世を継いで18歳で即位したのが弟のラーマ9世で、2016年に88歳で亡くなったプミポン国王である。

「微笑みの国」タイは、政治・外交にたけた怖い国である。以上は、川島博之著『日本人が誤解している東南アジア近現代史』（扶桑社新書）の引用だが、この本の帯に「『日本が侵略した』『日本が解放した』どちらも間違い‼」とあるとおりである。

◆インドシナ戦争

１９４５年８月の日本の降伏により、足かけ６年にわたった第二次世界大戦は幕を閉じた。これによりベトナムの人々は長年の悲願であった独立を達成できると考えたが、フランスは、60年以上続いたベトナムに対する植民地支配を諦めなかった。

特に、約10万のベトナム駐留フランス軍は、第二次世界大戦では戦闘を経験せず、そのままの戦力を残していたので、１９４５年９月のベトナムの独立宣言を認めず、１９４６年６月、南部ベトナムにコーチシナ共和国を樹立し、ハイフォンのベトナム人地区を砲撃するなど、小兵力のイギリス軍とともに、新生ベトナム民主共和国の地盤固めを妨害した。また、カンボジアとラオスをフランス連合内の自治国として扱い、それをベトナムにも強要した。

１９４６年12月、北部ベトナムのハノイで、フランス軍とベトナム人が衝突したのが、インドシナ戦争の発端である。折から東西両陣営の冷戦が始まろうとする頃で、誕生したばかりのベトナム民主共和国をソ連が、フランス駐留軍をフランス本国とアメリカが後押しした。この戦争は、１９５４年7月の休戦協定発効まで7年半続いた。ベトナム民主共和国の軍隊をベトミン（越盟）軍という。

準備が不足していたベトミン軍は、初期にはフランス軍により大きな被害を受けた。そこで、共産化が進みつつあった中国からの援助物資も入手できる北部の山岳地帯に退き、態勢を立て直す。ベトミン軍は、ゲリラ戦と正規軍による野戦の二本立てで戦ったが、前者では成功し、後者ではかなりの損害を出した。全般的な経過は、規模の差こそあれ、１９６１年から始まるベトナム戦争と非常によく似ていると、三野正洋氏は言う（『わかりやすいベトナム戦争　新装版』光人社ＮＦ文庫、43頁）。

中国は、１９４９年に勝利した国共内戦で国民党軍から捕獲した大量のアメリカ製重火器をベトナムに供与したので、フランス軍は守勢にまわり、１９５３年に入るとベトミン軍は南部に拡大、フエ、ダナン、クイニョンなどの都市も手中に収め、ラオスにまで侵攻した。

戦局の行き詰まりを感じたフランス軍が状況を一挙に回復しようとしたのが、ディエン・ビエン・フー確保作戦だった。ハノイの西450キロのラオス国境に近いこの地に大規模な基地をつくり、ラオス経由で中国から供給されている物資の補給路を断ち、まとまった敵兵力を撃滅する、という作戦だった。前述の三野氏は、1968年にアメリカ海兵隊が駐留し、ベトナム戦争屈指の激戦になったケサン基地と、作戦意図や経緯がそっくりであるという。

この地に送り込まれたフランス軍は1万6000人で、在インドシナ・フランス軍の21パーセントだった。兵員数は、フランス軍1に対しベトミン軍3〜3・5である。戦局は初めからベトミン軍に有利で、十数か所存在したフランス軍の前哨《ぜんしょう》陣地は1週間に1か所の割合で陥落していき、2か月にわたった攻防戦の末、5月7日、指揮官と生き残った将兵1万はベトミン軍に降伏した。フランス軍の戦死者2293名、負傷者5134名、ベトミン軍の損害はフランス軍の3倍とみられている。

ディエン・ビエン・フー陥落の翌日1954年5月8日、ジュネーブ休戦会議が開催され、9か国（米・英・仏・ソ・中国・北ベトナム・南ベトナム・ラオス・カンボジア）が参加して、7月21日に参加国の間で最終的同意が得られたが、署名のときにアメリカと南ベトナムが同意を取り消した。これがベトナム戦争勃発の原因の一つと考えられている。

このインドシナ休戦条約は、一時的にはインドシナに平和をもたらしたが、ベトナムというそれまで一つであった国家を、非武装地帯を境に分割したもので、「外国からの武器の搬入禁止」など、初めから実現不可能な条項が含まれていた。このあと北ベトナムにはソ連、中国からひっそりと、南ベトナムにはアメリカから堂々と軍事援助が続けられる。

◆ベトナム戦争に至る経緯

北に確立された、ホー・チ・ミンを首相（のち大統領）とした社会主義政府、ベトナム民主共和国では、早急な土地開放政策が地主たちの反発を招き、1956年2月には大暴動に発展したが、ホーは軍隊を出動させてこれを武力鎮圧する。数百の死傷者が出たが、その後は安定に向かった。

南では、フランス、アメリカの傀儡《かいらい》だったバオ・ダイ帝が退位し、1956年に共和国新憲法が公布されて、アメリカが押したゴ・ディン・ジエム政権が誕生した。ゴ政権は1963年11月まで約8年間存続するが、その実情はというと、軍部、仏教徒、カトリック教徒、旧宗主、ベトミンの地下組織、内部に武装勢力を持つ新興宗教団体、地方豪農の私兵集団など、多種多様なグループ間の紛争が止むことはなかった。

アメリカはすでにインドシナ戦争のときから、現地軍を見殺しにしたフランス本国に代わって、在ベトナム・フランス軍に大量の軍事援助を行なった。1950〜54年、援助物資は航空機230機、戦車・装甲車800台、車両1万5000台、舟艇300隻に達し、援助総額は10億ドルを超えている。同時にアメリカは、400名の軍事顧問団を派遣していた。しかし、これらの顧問団も、フランスの失敗から教訓を学ぶことをしなかったと、前掲の三野氏は言う。

フランスの敗退までフランス軍を支援し続けたアメリカは、ちょうどこのとき朝鮮戦争が終わった直後でもあり、国内の反共意識は頂点に達していた。朝鮮戦争を中途半端に終わらせなければならなかったストレスを、南ベトナムの援助に振り向けた、というのだ。

アメリカは1955年から毎年平均2億ドルを南ベトナムに供与したが、ゴ政権首脳と支持者は民心を掌握できず、軍部の協力を得て反対勢力を弾圧するだけだった。南ベトナムの共産化を防ぐという名目でアメリカから渡された膨大な経済・軍事援助は、いたずらに政府役人と一部軍人の懐をあたためるだけで、国の大部分を占める農村には電気も水道もなく、新生児の死亡率は3割を超えていた。この状況は70年続いたフランス支配時代と同様だった。

ほとんどがカトリック教徒であるゴ政権に対する南ベトナムの反政府運動は、３本の柱から成り立っていた。学生グループ、仏教徒、旧ベトミンの流れを汲むものである。

南ベトナムの共産勢力は、５年間は表に出ることなく農村での宣伝活動を続けていたが、１９６０年、南ベトナム解放民族戦線（National Liberation Front for South Vietnam：NLF）が秘密裡《り》に誕生する。この解放戦線は、学生、労働者、知識人、民族主義者、共産主義者の混合体だったが、数年を経て、実権のすべては共産主義者と、それに直結する北ベトナム首脳の手に握られることになる。この解放民族戦線を、西側ではベトコン（Viet Cong）、アメリカ軍ではベトナムの共産主義者（Vietnam Communist：V《ヴィ》・C《シー》）と呼んだ。ベトコンは蔑称《べっしょう》である。

◆ベトナム戦争その1

宣戦布告なきこの戦争の勃発の日は確定できないが、普通、１９６１年１月とされ、１９７５年４月までの14年４か月続いた。アメリカ軍の直接介入期間は、海兵隊がダナンに上陸した１９６５年３月から、アメリカ議会がベトナム再介入禁止を決議する１９７３

年8月までの8年6か月、また、北ベトナム爆撃期間は、1964年8月から1973年1月の8年6か月である。

1961年の初めから、前年に結成された南ベトナム解放民族戦線（NLF）は積極的に行動を開始した。しかし、15万の南政府軍と正面から対決できるだけの軍事力を保持していないこともあって、当面の目標は三つに限定していた。一、南ベトナム政府の下級機関に対するテロ。具体的には役人、警官などの暗殺。二、政府軍の弱小拠点への攻撃。三、農村を主体とする人々への宣伝と教育。である。兵力的には優勢であった政府軍も、このときからゲリラ戦特有の「誰が敵なのかわからない」という難問に直面する。結局、南政府軍とアメリカ軍は、最後の最後まで、この「敵と一般市民、農民を区別する」という、戦争における最重要課題を解決できないまま敗れていくのである。

農村の住民をゲリラから隔離するという戦略村構想は、結局は成功しなかった。南ベトナム軍では、13年間に、未遂を含めると10回近くのクーデターが発生した。そもそもこの国の軍部は、国家の安定よりも自己の権力の拡大に重きを置いていたようである。

NLFの兵力は、南政府の推定では1961年に7000名だが、メコンデルタ地帯での小戦闘は1日あたり4～5回だった。それが1962年になると1日平均10回になる。

戦略村は続々と完成していたが、それらの村に対するNLFの攻撃も頻度を増した。NLFはテロを激化させ、南政府発表によると、毎月500人以上の民間人を殺害していた。

北ベトナム軍はすでに1953年からラオスに義勇兵を送り込んでおり、1961年には、この国の共産勢力の主力になりつつあった。同年11月、ラオス政権は共産側に接近し、そのため南ベトナムはラオスに国交断絶を通告した。これにより、北のNLF援助部隊は、かえって順調にラオスを通過することができるようになる。これがのちにホー・チ・ミン・（補給）ルートと呼ばれるものである。

南ベトナムの支配層はフランス植民地時代に布教されたカトリック教徒が多かったが、国民の大多数は仏教徒だった。1963年、ゴ・ディン・ジエム政権が仏教徒を大弾圧したため、欧米からも非難の嵐が浴びせられる。アメリカはゴ政権に見切りをつけて退陣を要求したが、拒否されたので、CIAと南政府軍によるクーデターが画策され、ゴ大統領と弟は裁判を受けることもなく射殺された。軍の長老が跡を継いだが政情は不安定のまま、翌1964年1月再度、軍のクーデターが発生する。

1962年2月、アメリカは南ベトナム軍事援助司令部（MACV）を設立していた。これにより、アメリカ軍人が武器を持って、直接敵と交戦することが可能になっていた。

1963年11月、ジョン・F・ケネディ大統領が暗殺された。ケネディはゲリラ戦に理解があったが、跡を継いだジョンソンは正規軍重視だったそうである。アメリカ軍事顧問団は1万人、アメリカ軍属および民間人は10万人になっており、NLFの攻撃目標になっていた。

◆ベトナム戦争その2

ここからは大きな流れだけを述べよう。1964年8月、トンキン湾でアメリカの駆逐《くちく》艦2隻が北ベトナムの魚雷艇から攻撃されたことで、アメリカの世論は激昂し、ジョンソン大統領は報復のために爆撃を命じた。これが1965年から1968年までは連続して、その後1972年まで断続的に続けられる北爆の第一弾である。またアメリカ議会はジョンソン大統領に「自由な戦争権限」を与えた。11月の大統領選挙でジョンソン大統領は再選される。

翌1965年3月アメリカは3500人の海兵隊をベトナムに派遣した。これが米地上戦闘部隊の第一弾であるが、3年半後には55万人に達する。同年、南ベトナムには自由主義諸国から続々と軍隊が送り込まれた。もっとも強力な戦力を派遣したのは韓国で、合計

5万人を送った。あとは、タイ、オーストラリア、ニュージーランド、フィリピンで、経済支援医療団はドイツ、日本、フランスなど7か国が担った。6月からは超大型爆撃機B－52がグアム島から出撃した。

1966～67年は、圧倒的なアメリカ戦闘部隊の兵力と、最大で月1万2673回の出撃回数と、5万トンを上回る北ベトナムの国土に降り注いだ爆弾により、南ベトナムとアメリカが優勢だった。北の鉄道、道路、橋などの交通関連施設、武器の集積所、石油の貯蔵所などが爆撃されたが、爆撃で消耗した分だけ、中国とソ連があらゆる物資を北ベトナムに送ってきた。特に中国からの援助は、1966年には食糧だけで100万トンに達した。

アメリカ軍が南政府軍のNLFとの戦闘を肩代わりしたため、不利になったNLFは大都市周辺や平野部での作戦を縮小し、西部に位置するアンナン山脈の山麓地帯へ後退する。山脈の西側はカンボジア、ラオス領で、NLFの兵士は国境線を越えてこれらの国々に自由に出入りできたが、アメリカ軍は制約を受けていた。サイゴンの真西にはカンボジア国境がベトナム側に突出している、通称「オウムのくちばし」地区があり、NLF軍は、アメリカ軍の攻撃を受けるとカンボジア領に逃げ込んだ。

1968年は、ベトナム戦争の行方を決した年である。1月30日、共産側のテト（旧正月）攻勢で、南ベトナムで44か所ある省都のうち36か所、41か所の大基地のうち23か所が同時に襲われた。非武装地帯南部の古都フエは、1日で共産勢力によって占領された。このテト攻勢は、共産側も戦死者3万、捕虜6000人という大損失で、戦術的に見るかぎり決して成功とはいえなかったが、アメリカ国民に与えたショックが大きく、広い意味の戦略という面では大成功だった。アメリカ人の反戦ムードはこのあと一気に高まるのである。

アメリカ人の厭戦《えんせん》意識を高揚させた一つがソンミ村虐殺《ぎゃくさつ》事件で、これはNLF掃討作戦中にアメリカ陸軍の一部隊が多数の一般村民を虐殺した（最初600人といわれたが、最終的には160人と確認）というものだが、テト攻勢の激戦地フエで、1000人以上の南政府支持の民間人が北軍とNLFによって殺された事件は報道されていない。前述したケサン基地攻防戦もこのときである。

3月、ジョンソン大統領が行なった演説は、一、北ベトナム、NLFとの和平交渉の開始。二、北爆の一時的な停止。三、次期大統領選への不出馬で、実質的にアメリカがベトナムから手を引くことを明確に示していた。

◆アメリカのベトナムからの撤退

和平交渉が公表されてから、実際にアメリカ軍が撤退するまでには5年かかる。新大統領ニクソンは、米軍が輸送、補給など後方支援にまわると同時に徐々に撤退していき、南ベトナム軍が戦闘の主役を引き受けることを「ベトナム化」と表現した。

1969年1月パリで停戦交渉が始まるが、その直後から、NLFと北軍の大攻勢がベトナム全土で開始される。アメリカ軍も、これから丸2年間、実に300万トンにおよぶ爆弾を南ベトナム内の共産軍に投下した。両者とも、和平交渉で現在の戦局のまま停戦が凍結されることを恐れ、前者は解放区を拡大しようとし、後者はそれを阻止しようとしたのである。

一方、アメリカ国内の反戦デモはますます頻度を増し、11月のデモには全米で150万人が参加した。この年、アメリカ軍は第一次2万5000人、第二次3万5000人と、他国軍に先駆けて撤退を始める。

1970年3月、アメリカ軍と南ベトナム軍の数百機のヘリコプターと多数のトラックがサイゴン西方の国境を越え、カンボジア領内にある共産側の拠点を攻撃した。「オウムのくちばし」地区にあったＮＬＦの大物資集積所から、１０００トン以上の弾薬、プラスティック爆弾30トンが鹵獲《ろかく》された。このカンボジア侵攻作戦は、軍事的には大きな成果をあげたが、アメリカ国内の反戦論者の集中攻撃を受けることになる。アメリカ・南ベトナム軍は６月末にカンボジアから撤退するが、カンボジア領内の共産勢力に対する航空作戦（偵察と爆撃）はその後も継続された。これについて12月末にアメリカ議会内で禁止決議が提出され、ベトナム戦争反対の議案が議会で可決された。

１９７１年２月、南政府軍とアメリカ軍は、今度はラオス領内の共産側拠点を攻撃するための大作戦「ラムソン７１９」を実施する。前年のカンボジア侵攻作戦を上回る規模だったが、こちらは大失敗だった。アメリカ軍の大規模な作戦行動はこれで幕を下ろす。8月、オーストラリアとニュージーランドが軍隊を引き揚げると発表、９月には韓国もこれにならう。南ベトナムはすべての自由主義国から見棄てられたのである。

アメリカ軍の撤退とともにアメリカの報道機関のベトナムに対する関心は急激に薄れ、日本もこれにならった。世界から忘れられようとしていたベトナム戦争は、しかし、その後も２年半にわたって続いた。

１９７２年２月、ニクソン大統領が北京を訪問した直後の３月に北ベトナム正規軍は南

カンボジアとラオスへの進攻作戦

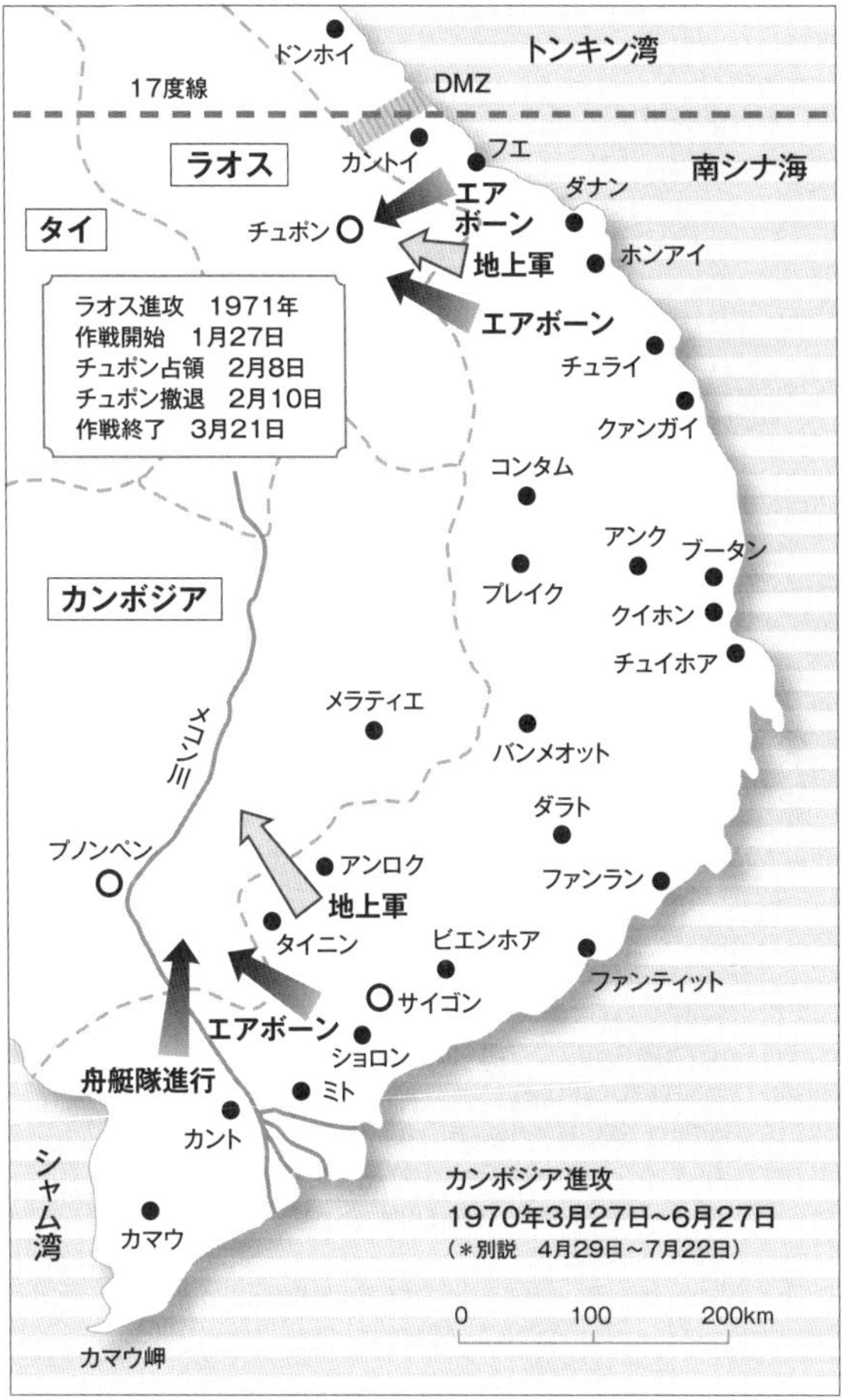

出典：『わかりやすいベトナム戦争　新装版』三野正洋著、光人社 NF 文庫

カンボジア進攻作戦

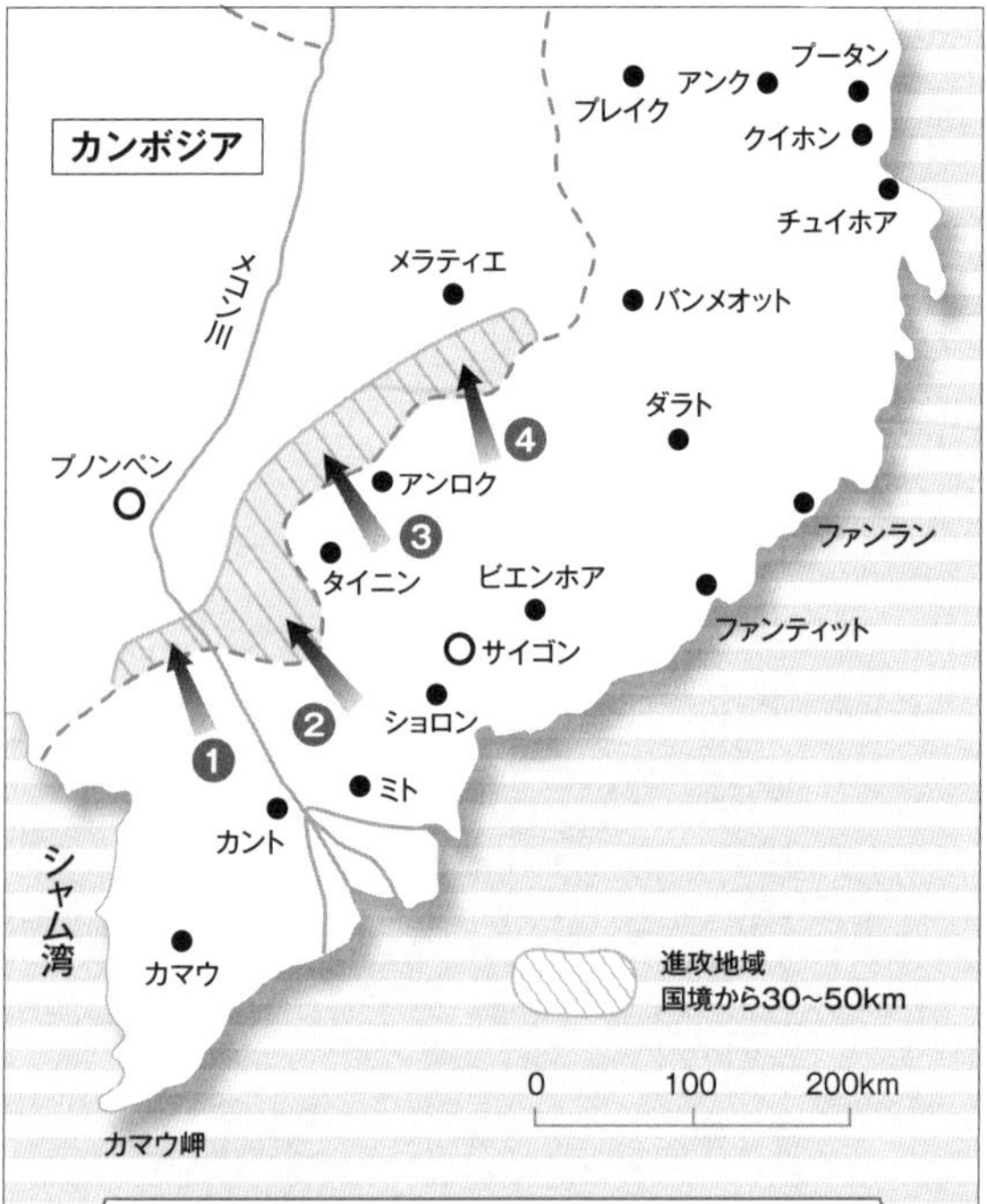

1970年3月27日～6月下旬（＊別説　4月29日～7月22日）
アメリカ軍3万5000人　南政府軍2～3万
北ベトナム軍2個師団約2万　NLF約2万
❶メコン川沿いに進攻　❷オウムのくちばし地区攻勢
❸セサン聖域攻撃　❹釣り針地区攻撃
両軍の人的損失
アメリカ・南軍　戦死817人　共産軍　戦死1万271人

出典：『わかりやすいベトナム戦争　新装版』三野正洋著、光人社NF文庫

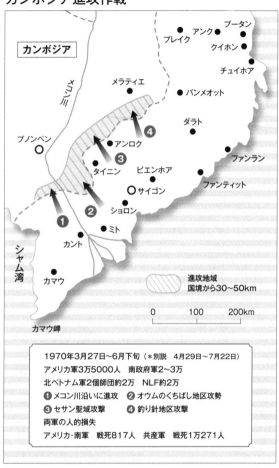

へ侵入した。ニクソン大統領は、和平交渉のために休止していた北爆の再開を命令、5月には北の港湾を、航空機投下型の機雷によって完全に封鎖する。同月、モスクワで米ソ首脳会談が開かれた。アメリカは、直接戦っている相手ではなく、その頭越しに、これを支援している中国、ソ連と和解したのである。

ベトナムに残っているアメリカ軍は空軍と警備部隊が主力で、南ベトナム政府軍は完全に「ベトナム化」されたわけだが、この頃、アメリカ国民の「ベトナム拒否症」は頂点に達していた。アメリカ政府も、南ベトナムが和平に応じなければ援助を中止し、南ベトナム政府抜きでも北ベトナム、NLFとの講和に合意しようとまで考えていた。

他方、これと平行して北爆を強化するため、B－52爆撃機を大量に投入し、13日間でハノイとハイフォンに2万4000トンの爆弾を投下するなど、ほとんど無差別に爆撃を行なった。

南ベトナムを離れるアメリカ軍部隊は、大量の兵器を残したが、さらに、「ベトナム化」のための新しい兵器も本国から送られていた。総額で50億ドルという軍需品の主なものは、航空機550機、車両4万5000台、艦艇950隻、火器170万梃、弾薬13万トンである。このあとのベトナム・カンボジア戦争は、これらアメリカが持ち込んだ兵器のせいだったということは、誰が考えても明らかである。

◆ベトナム・カンボジア戦争

北ベトナムによる統一については紙幅がないので省略するが、本書にとって重要なのはこちらである。前掲の三野正洋著『わかりやすいベトナム戦争　新装版』によると、1978年12月、完全装備のベトナム軍12万が南部国境を越えてカンボジアに侵攻した。これ以後約10年にわたり、ベトナム軍はカンボジアに駐留し、ポル・ポト派と戦うことになる。

わずか3年半前にようやく統一をなし遂げたばかりのベトナムが、なぜ兵をカンボジアに進めたのかというと、以下の理由である。一、カンボジアから中国の影響を排除すること、具体的にはクメール・ルージュを壊滅させる。二、ベトナム系カンボジア人の保護と権益を守る。三、南部における国境線をめぐる問題を解決する。

ベトナム軍はその後増強され、1年後には20万人に達する。これに約2万の親ベトナムのヘン・サムリン軍が協力し、6万のポル・ポト軍と戦った。

ベトナム軍は、前の戦争で鹵獲した豊富なアメリカ製兵器を持ち、実戦の経験も重ねているので、戦いは容易に決すると考えたが、いったん戦闘が始まると、ベトナム戦争におけるアメリカ軍とまったく同じ困難に出合う。さらに80年代に入ると、ソン・サン派、シハヌーク派それぞれ1・5万人がポル・ポト派についたため、ますます戦局は不透明になった。

カンボジアに10～20万人を駐留させているベトナム軍の戦費が、いよいよ本国の経済を圧迫したので、1989年11月、ついにベトナム政府はカンボジアからの撤退を決意する。11年間に投入された総兵力と損害は、駐留延べ兵員数120万人、戦死者5・5万人、負傷者10万人だった。

ベトナム戦争におけるアメリカ軍の兵力と損害は13年の間に、投入延べ兵員数780万人、戦死者5・5万人、負傷者15万人である。投入兵員数には大差があるものの、戦死者と負傷者がほぼ同数であるから、カンボジアにおけるベトナム軍の犠牲の大きさがよくわかる。もちろん、カンボジア人の犠牲者数はこの比ではない。

三野氏の前掲書は、カンボジアではベトナム戦争以後、中国の支持を受けた勢力と、ベトナムとソ連の支援を受けたグループの対立が続き、1977年からの5年間に150万人以上の人々が虐殺されたと書いている（4頁）。これらカンボジア人の死亡者は、今ではすべてポル・ポト派による虐殺とされるが、ベトナム軍がカンボジアに侵攻したのは1978年であり、この期間がベトナム軍の10年にわたるカンボジア駐留と重なることに注意していただきたい。

三野氏は、ベトナム戦争に介入したアメリカと、カンボジア戦争に介入したベトナムは、まったく同じ立場であり、ベトナムにとってのアメリカは強大な国家であるが、カンボジアにとっての統一ベトナムも大国なのだ、と指摘している。現地を見、カンボジア人に話を聞いた私たちも同意見である。

◆植民地下のカンボジアにおける独立運動の始まり

カンボジアの歴史をさかのぼると、民族主義運動の始まりは、二つの知識層からである。一つは、植民地官僚機構の一翼を担う官吏の養成機関「行政研修所」出身者たちで、卒業しても責任ある地位を与えられなかったことが、エリートたちの不満をかきたてた。もう一つは、カンボジアとラオスの仏教教団（サンガ）に対するタイの影響力を弱めるために、1930年にプノンペンに設立された仏教研究所で学んだ若い仏教僧たちである。

カンボジアにおける民族主義運動の先駆者ソン・ゴク・タン（Son Ngoc Thanh）は、

コーチシナ生まれのカンボジア人「クメール・クラオム」の一人で、この仏教研究所付属図書館の司書だった。

１９３６年、ソン・ゴク・タンは『ナガラワッタ』（アンコール・ワットのこと）というクメール語の新聞を創刊した。１９４０年、ヴィシー政権がドイツに降伏し、日本軍の仏印進駐が始まると、カンボジアにおけるフランスの威信は低下し、タイのピブン政権の失地回復要求によって、聖地アンコールを含むカンボジア領をフランスがタイに譲り渡したため、若い知識層や僧侶は反仏意識をかきたてられた。ソン・ゴク・タンと、彼の盟友で仏教研究所パーリ語教師ポック・チューンは、『ナガラワッタ』を通じてフランスの失態を攻撃した。

１９４２年、反仏文書を頒布《はんぷ》したかどで逮捕された二人の僧侶の釈放を要求した１０００人のデモが起こり、これを先導したポック・チューンが捕らえられて、政治犯収容所として悪名高いポーロ・コンドール島監獄に送られた。この事件に直接関与しなかったソン・ゴク・タンも身の危険を感じて、バンコクを経由して東京に亡命した。

１９４５年３月、日本軍がクーデターによってインドシナ単独支配を開始した。ベトナムでバオ・ダイ帝を擁立して独立宣言を行なわせたことはすでに述べたが、カンボジアでは3月12日、シハヌーク王によって独立と保護条約破棄の宣言が行なわれた。ソン・ゴク・タンは、6月、亡命先の日本から帰国して外務大臣となっている。8月14日、フランスの保護国復帰を予想したソン・ゴク・タンは、親仏的な大臣を逮捕し、自ら首相となって内閣を組織した。そして独立の維持を国民に呼びかけ、10月3日、国民投票によって国民の支持を得たが、その1週間後、プノンペンに到着したかつての仏印派遣軍総司令官ジャック・クレルクはソン・ゴク・タンを逮捕し、独立の試みは失敗した。

◆ノロドム・シハヌーク（1922-2012）

本章の最後に、シハヌーク前国王の生涯を簡単に見ておきたい。詳細は第二章で江崎道朗さんが論じてくれるが、概説もあるほうが読者の便宜をはかれると考える。

シハヌークに対する評価は真二つに分かれる。国際社会の舞台で活発な外交を展開したと評価する見方と、政治の危機に際して逃げ腰になるわがままな人物で、自己の権力維持のために政敵を平気で殺したという見方である。

1922年、ノロドム・シハヌークは、カンボジアの王族ノロドム・スラマリットとシソワット・コサマック妃の嫡男《ちゃくなん》として生まれた。フランスの植民地下でカンボジア王は有名無実の存在であり、王位継承に干渉したフランスのせいで、ノロドムとシソワット両家の間には溝があった。１９４１年、両家の血を引くシハヌークが王に選ばれたのは、両王家の反目解消のためだったといわれるが、18歳の青年シハヌークが、当時はフランスに御しやすい人物だと思われたためでもある。

１９４６年1月、インドシナに戻ったフランスは、カンボジアをインドシナ連邦の一自治国としたが、ソン・ゴク・タン派や共和主義者たちは、当時まだタイ領だった西北諸州に逃れ、「クメール・イサラク（自由クメール）」と称して反仏ゲリラ活動に入った。東部では、ベトミンの指導を受けたソン・ゴク・ミンらの抵抗運動が開始される。

１９４９年11月、カンボジアはフランス連合内の独立国の地位を得る。しかし、さまざまな主権の制限があり、シハヌークはこれを「50パーセントの独立」と言った。１９５３年「独立のための王国十字軍」の旗を掲げてフランスへと旅だったシハヌークは、フランスに忌避《きひ》されると『ニューヨーク・タイムズ』と会見し、もしフランスがカンボジアに完全独立を与えないならば、カンボジアはベトミンを支持する、と言い、国際世論に訴えた。そのあともタイへ「亡命」したり、シェムリアップで独立闘争宣言を行なったりして圧力をかけたので、フランスは全面的譲歩に踏み切り、１９５３年11月9日「カンボジア王国」が誕生する。

インドシナ戦争でフランスが敗れたあとの1955年、シハヌークは人民社会主義共同体「サンクム」をつくり、王位を父親に譲って自分がこの組織の総裁になった。シハヌークは、東西いずれの陣営にも属さない非同盟・中立主義を宣言、アメリカと軍事援助協定を結んだが、同時に中国・ソ連からも経済援助を受けて均衡の維持をはかった。しかし、1958年、南ベトナム政府がベトコンを追跡してカンボジア領に侵入、タイとも国境紛争が発生したため、シハヌークはこの二つの反共国家の脅威に対する対抗策として、中国を承認した。このためにアメリカとの対立が深まる。

1960年に父親の国王が亡くなったときもシハヌークは国王に復帰せず、制度的には立憲君主制を残しながら王位は空位のままにして、国家元首として権力を掌握し、1964年にはカンボジアは社会主義国であると宣言した。その翌1965年、プノンペンにあったアメリカ大使館を追い出してアメリカとの国交断絶に踏み切った。

北ベトナム寄りの姿勢を鮮明にしたカンボジアは、いわゆるホー・チ・ミン・ルートの一部がカンボジア領内をかすめることを黙認した。カンボジアではシハヌーク・ルートと呼ばれたそうで、北ベトナムはその見返りにカンボジアの余剰米をすべて買い取った。

1970年3月、親米派のロン・ノル将軍がクーデターで北京訪問中のシハヌークを追放すると、シハヌークは中国に亡命し、ここでカンプチア王国民族連合政府の樹立を宣言、中国がこれを承認する。翌1971年4月、南ベトナム軍グエン・カオ・キ副大統領がプノンペンにやってきて、カンボジア領内のホー・チ・ミン・ルートを破壊し、南ベトナム軍はこのあと2年間カンボジアに留まることになった。1967年以来ゲリラ活動を続けていたクメール・ルージュは、ジャングルのなかからシハヌーク支持を表明し、北ベトナム軍と南ベトナム解放勢力の支援を受けながら全国に解放区を拡大していった。ロン・ノル将軍は南ベトナム軍とアメリカ軍の救援を受けて戦ったが、1975年4月、サイゴン陥落2週間前に、クメール・ルージュによってプノンペンは陥落した。シハヌークは5年ぶりにカンボジア（民主カンプチア）に帰るが、ポル・ポトによって軟禁状態に置かれる。

そもそもシハヌークはクメール・ルージュをひどく弾圧した人間で、ポル・ポト派は、北京が抱えていこうとしていたシハヌーク勢力とはまったく相容れない性格のものだったと、永井清陽氏は言う（「シアヌークのベトナム戦争」『東アジア近代史』第19号所収、2016年3月）。

バランス外交で支援を引き出そうとしたシハヌークは、結局は社会主義陣営に立つことになった。しかも、このあと中ソ対立で冷戦構造自体が変わり、シハヌークは中国、北朝鮮と親密だったので、「赤い国王」と呼ばれる。毛沢東《もうたくとう》や周恩来《しゅうおんらい》とも良好な関係を築き、1970年のクーデターによる亡命時には北京から北朝鮮に行き、平壌《ピョンヤン》市内の宮殿で金日成《キムイルソン》の厚遇を受けた。1979年、ベトナム軍がプノンペンに迫ったとき、ポル・ポトの要請により国連でベトナム軍の不当性を訴えるため渡米したが、ニューヨーク滞在中に随行員の監視の目を盗んで、再び中華人民共和国に亡命する。シハヌークは1991年、亡命先の北京から13年ぶりに帰国し、1993年、国王に再即位したが、カンボジアの王宮や別荘における国王の周囲は北朝鮮から派遣されたボディーガードで固められていたという。2004年、息子のノロドム・シハモニに譲位し、2012年、滞在中の北京において心不全で逝去《せいきょ》した。

参考文献

『日本人が誤解している東南アジア近現代史』 川島博之著、扶桑社新書、2020年
『海の帝国　アジアをどう考えるか』 白石隆著、中公新書　2000年
『そしてぼくだけが生き残った――あるカンボジア難民の証言』 チア・サンピアラ文　石井勉画　学習研究社、1994年
『わたしが見たポル・ポト――キリングフィールズを駆けぬけた青春』 馬渕直城著、集英社、2006年
『癩王のテラス』 三島由紀夫著、中公文庫、1975年
『わかりやすいベトナム戦争――アメリカを揺るがせた15年戦争の全貌　新装版』 三野正洋著、光人社ＮＦ文庫、2019年
『カンボジアを知るための62章［第2版］』 上田広美・岡田知子編著　明石書店、2012年
『地球の歩き方　アンコール・ワットとカンボジア 2019 ～ 2020』ダイヤモンド・ビッグ社、2018年
『世界現代史7　東南アジア現代史III　ヴェトナム・カンボジア・ラオス』 桜井由躬雄・石澤良昭著、山川出版社、1977年初版、1988年第2版
『世界の歴史13　東南アジアの伝統と発展』 石澤良昭・生田滋著、中央公論社、1998年
『世界の歴史14　インドシナ文明の世界』 石井米雄著、講談社、1977年
『民族の世界史6　東南アジアの民族と歴史』 大林太良編、カンボジアの項は生田滋筆、山川出版社、1984年

第二章　政治編

カンボジアの反仏独立闘争と日本

評論家　江崎 道朗

一　カンボジアの反仏独立闘争と日本

◆アジア諸国の命運を変えた日本

近現代史において果たした日本の役割は大きい。

正確にいえば、近代日本の行動が世界史、特にアジアの近現代史を大きく変え、アジア諸国の命運を大きく変えてきた。

ペリー来航に代表されるアメリカの動向を抜きにして日本の近現代史を語ることができないのと同じく、アジア諸国は日本の動向を抜きにして自国の近現代史を語ることはできない。にもかかわらず、アジアの近現代史において日本が果たした役割について、今や日本人の大半は自覚がない。

自分たちがアジアの国々にどれほど絶大な影響を与えたのか、その歴史的な経緯を知らないためであろうが、現在のアジア太平洋の動向についても驚くほど関心が薄いし、報道も少ない。

代わって近年、アジア太平洋に関心を向け、積極的に乗り出している国がある。中国共産党政権だ。一帯一路政策を掲げ、アジア太平洋諸国に進出し、アジア太平洋諸国を影響下に置こうとしている。

インドネシア初代総理大臣モハメッド・ナシール（Mohammad Natsir）の側近であったイドリスノ・マジット（Idrisno Madjid）師から１９９０年代後半、こう言われたことがある。

「クルセーダーズ（十字軍）も、無神論の国も嫌いだし、御免蒙《ごめんこうむ》りたい。だが、日本が来てくれなければ、我々は、どちらかに飲み込まれてしまう」

十字軍とは、キリスト教国家で、イスラムを敵視するアメリカのこと。無神論の国とは、共産主義を掲げてウイグルなどイスラム教徒を弾圧する中国共産党政権のことだ。マジット師は、イスラム教徒が大半を占めるインドネシアから日本に来て、日本とインドネシアの関係強化のために長年尽力されてこられた方だ。

マジット師はこうも言う。

「日本の不在と、米中の進出が、アジアに混乱をもたらしているのだ」

おそらく、こんな言葉を聞いても、ピンとくる人はほとんどいないだろう。

現在の日本人の大半は、日本の命運と自分の人生が深く関係しているとは思っていない。況《いわん》や自分の人生と日本の動向がアジアの命運に関わっていると思っている人など、ほとんどいないだろう。だが、日本の動向が、アジアの命運を左右してきたのだ。

幸いなことに1990年代、私は、先の大東亜戦争でアジア諸民族の独立・解放を支援した日本人たちと出会い、彼らが戦前・戦中、何をしてきたのかを直接聞いてきた。しかも彼らは日本の敗戦後も、アジアの独立・解放に深く関わり、その後もある人は政治家として、またある人は民間人として、日本とアジアの架け橋として秘密工作を展開してきた。

私が20代後半から30代の青年だった1990年代当時、彼らはすでに70代後半から80歳を超えていたが、彼らからその秘密工作の一端を聞き、関連の資料をもらってきた。その資料などを踏まえて、日本が敗戦後もアジアの命運に深く関与してきた「事実」の一部をなんとか書き残しておかなければとずっと思ってきた。

◆カンボジア独立の秘密工作に従事した残留日本兵

だから2019年春に歴史家の宮脇淳子先生たちから「カンボジアに行こう」と誘われたときも、直ちに誘いに応じた。もちろんアンコール・ワットをこの目で見ておきたいという個人的興味もあったが。

前述したように日本の敗戦後もアジアの独立のために秘密工作を展開していた日本人の一人、只熊力《ただくまつとむ》さんから生前、カンボジア独立と日本の関係について詳しい話を聞いていた。

1991年、パリ和平協定を成立させ、長年の内戦に終止符を打ち、国内建設へと歩み始めたカンボジアで主導権を握ったのは、ノロドム・シハヌーク殿下であった。

そのシハヌーク殿下を戴《いただ》いて日本敗戦後、カンボジア独立戦争をした在留日本兵の一人が只熊さんだった。

1992年6月24日、カンボジア復興東京国際会議出席のため来日したシハヌーク殿下の歓迎レセプションが帝国ホテルで開催されたが、その席にはもちろん只熊さんの姿があった。

当時、只熊さんは「アジア・太平洋国会議員連合」（Asian-Pacific Parliamentarians'

Union：ＡＰＰＵ）日本議員団の事務局長であった。

ＡＰＰＵは１９６５（昭和40）年、アジア地域における東西対立を背景に、岸信介元総理ら有志の提唱を受け、反共を掲げるアジア諸国の政治家たちの手によって創設された「アジア国会議員連合」（Asian Parliamentarians' Union：ＡＰＵ）が基盤となっている。

１９８０年には、当時独立を達成しつつあった太平洋島嶼《とうしょ》国の要望に応えて「アジア・太平洋国会議員連合」に名称を変更、台湾と国交を維持していた太平洋島嶼国も次々と加盟した。

ＡＰＰＵは、議員外交の場を通じて、政府間の外交を補完しつつ、「自由と民主主義を達成維持することにより、アジア・太平洋に恒久の平和と繁栄をもたらすこと」を目的としている。その事務所は当時、衆議院議員会館裏手にある十全ビルにあり、ホテルニューオータニなどで定期的に会合が開催されていた。私もこの会合に何回か参加したことがある。

要は中国共産党政権との国交樹立の動きのなかで、岸元総理らが、自由と民主主義のアジアを共産主義の脅威から守るべく、台湾などと連携して設立した議員連盟だ。その事務局を担当していた只熊さんが深く関与してきたカンボジアに一度、行っておきたいと思っていたのだ。

実際にカンボジアに行って現地でさまざまな話を聞いているうちに、20年以上も前に只熊さんから聞いていた話が「なるほど、そういうことだったのか」と、目の前の霧が晴れるようにつながって見えてくるようになってきた。

そして帰国後、只熊さんからもらった資料を読み直すと、戦後の日本ではすっかり忘れ去られた、カンボジアの独立と日本の関係がくっきりと見えてくるようになった。

◆なぜカンボジアは対日賠償を放棄したのか

日本外務省の公式サイトによれば、1953年、カンボジア王国としてフランスから独立したことになっている。

日本敗戦後、8年にわたる対フランス独立運動を経て、ようやく独立を勝ち取ったカンボジアの指導者シハヌーク殿下は1955年12月、首相兼外相の立場で国賓として来日した。

その3年前の1952年にサンフランシスコ講和条約の発効とともに独立を取り戻したばかりの日本は、アジア各国と国交樹立交渉を始めたが、そこで問題になったのが戦時中の「賠償」問題であった。

ところが独立まもないカンボジアは対日賠償請求を放棄してくれたのだ。なぜカンボジアは賠償請求権を放棄してくれたのか。

その理由の一端が、シハヌーク殿下が国賓として来日したときに判明した。殿下の随員として来日した「日本人」がその理由を説明したからだ。それが只熊さんだった。

シハヌーク殿下の「随員」であった只熊さんを取材した記事が『サンデー毎日』昭和31年1月15日号に載っている。「王様と日本の兵隊達」と題した原稿で、記者の高橋正信氏はこう書いている。

《日本が戦後十年、まだ世界各国、ことに東南アジアの国々に植えつけた不信と警戒の念が尾を引いている中で、ひとりカンボジアだけは、あふれる友愛の情を抱いてくれているようだ。去月、国賓として来日した同国首相兼外相ノロドム・シャヌーク殿下の親日政策によるものである。だが、シャヌーク殿下をこうまで親日的に導いたのには、戦争中同国へ駐留していた幾人かの軍人の陰の努力が働いていていた》

読んでいると感慨深いものがある。敗戦から10年、ＧＨＱによる反日宣伝の影響はあったものの、当時のマスコミはこうした記事を書いていたのだ。高橋記者はこう続ける。

《たとえば只熊力元陸軍大尉（長崎県南松浦郡奈留島村［引用者註：現五島市］出身、35才）である。只熊氏は、シャヌーク殿下の随員として晴れて来日、初めて〝カンボジアの今様《いまよう》山田長政〟の覆面を脱いだ。終戦後も同国に止まって、義勇軍を組織して転戦、カンボジア独立達成のため生命を的に働き続けて来た》

日本敗戦当時、25歳だった只熊さんは日本に復員するのではなく、また未曾有《みぞう》の敗戦に直面して悲嘆に暮れるのでもなく、敢然《かんぜん》、カンボジアに留まって独立運動を続けたのだ。時代がそうした役割を只熊さんに与えたともいえるかもしれないが、そうした役割を引き受ける勇気と覚悟が、わずか75年前の日本の青年たちにはあったということだ。そのことをわれわれは誇りとして記憶すべきだろう。高橋記者はこう続ける。

《あるときは国王とともにバンコックその他に亡命し、また独立運動に精根を傾け尽す国王を秘かに日本にも二度まで案内し各国との外交による独立承認工作など陰の推進力となって来た。さらにジュネーヴ条約の成立で完全独立と同時にバンコックの亡命先から帰国するや、独立義勇軍を改編して新たに国軍を創設、近代国家の形態を備えるための最高顧問となり、シャヌーク殿下のもっとも信頼厚い指導者となっている人である》

戦後の日本がアジアで好意的に受け入れられてきた背景には、只熊さんのような青年たちが戦後も「民間人として」、カンボジアだけでなく、インドネシア、マレーシア、ミャンマー、タイ、ベトナム、インド、台湾などで活躍してくれていたからだ。

現在の日本政府・外務省は、こうした「民間人」のインテリジェンス活動に支えられてきた事実をどこまで知っているのだろうか。

◆忘れられた「戦時下のカンボジア王国の独立」と義勇軍の創設

シハヌーク殿下と只熊さんの付き合いは戦時中に始まった。

前述の『サンデー毎日』の記事を踏まえながら説明していこう。

戦前のカンボジアはラオス、ベトナムと併せて当時は仏印、フランス領インドシナと呼ばれていた。１９４０年に仏印進駐、つまりフランス領インドシナに日本軍を派遣した際、当時のフランスはナチス・ドイツの占領下にあったヴィシー政権であったこともあって、現地の仏印政権は日本軍の平和的進駐を受け入れた。

その後、真珠湾攻撃を経て大東亜戦争が始まるのだが、仏印では日仏共存が続いていた。ところが１９４４年後半になると、日本軍が劣勢となったことから、仏印の治安は極度に悪化することになった。

当時、仏印のカンボジアにいた日本軍は第二師団（勇《ゆう》兵団）で、実勢力は一個師団であった。対するフランス軍は十数個師団を擁《よう》し、日本有利の間は友好的であったのに、日本劣勢となるや、日本軍の通信線を切断したり、諜報《ちょうほう》活動を展開したりして、日本軍に対して全面的な攻撃を仕掛けてくる恐れがあった。

そこで第二師団長の馬奈木敬信《まなきたかのぶ》陸軍中将は１９４５年３月、フランス軍最高司令官に対し、全面的降伏を勧告した。回答期限は、３月９日24時であった。

回答は「ノー」であった。

第二師団は直ちに行動を開始した（いわゆる「明号《めいごう》作戦」）。

当時、フランス軍はプノンペン市内に司令部を置いていてカンボジア全域にわたり部隊を配置していた。対する日本軍は兵力の点では彼らの十分の一だった。だが、フランス軍司令部の奇襲に成功し、各地のフランス軍をわずか数日で制圧し、武装解除に成功したのだ。

当時のカンボジアでは、シハヌーク殿下が若くして王位につき、数え年24歳でありながら、フランスからの独立を念願していた。そのためこの政変に乗じてフランス軍に拘留《こうりゅう》されることを恐れ、直ちに王宮を抜け出した。

日本軍が王宮に駆けつけたときはすでにシハヌーク国王の姿はなかった。やむを得ず手分けをして探索したところ、王宮近くの寺院の床下に隠れている国王を発見し、保護した。青ざめたご様子の国王に対して日本軍は、《責任をもって陛下をご護衛申し上げる》旨《むね》をお伝えし、王宮にご案内した。

この王宮警護の任にあたるべく一個中隊が王宮警備隊として派遣されたが、その中隊長が只熊大尉であった。

王宮に戻ったシハヌーク国王に対して、第二師団の木下武夫参謀長は「本日は日本軍最高司令官の代理として陛下の御安泰であられたことをお喜び申し上げ、さらに陛下の御統率のもとにカンボジア国が独立し、昔日のごとく御繁栄あらんことを念願するものである」旨、申し上げた。

かくして翌10日朝、カンボジア国旗のアンコール・ワット旗が1863年以来、実に83年ぶりに、フランス国旗に代わって青空のなかに翻《ひるがえ》った（正式な独立宣言は3月12日）。

『サンデー毎日』の高橋記者もこう記す。

《カンボジアにおいても政治経済は完全にフランスの高等弁務官に牛耳《ぎゅうじ》られ、軍隊もまたフランスの植民地軍最高司令官の手中にあった。メコン河畔《かはん》に聳《そび》えるクメル王朝の流れをくむ王宮も同河上流にある豪壮華麗を誇るフランス高等弁務官邸の前には絶対頭が上がらないのであった。

そのことはお隣りのベトナムも北方のラオスも同様であった。みなともどもに苦しい体験を持っており、フランスに対する反感は同じであったが、ただそれを言動に移す機会がなく、うつうつたる日を送っていたのである》（『王様と日本の兵隊達』）

ところが日本軍の後押しを受けて1945年3月、カンボジアは独立を宣言できたのだ。民衆に対して独立を宣言したときの様子を高橋記者はこう描いている。

《一週間もたった時、国王は日本軍の最高指揮官であった馬奈木勇兵団長以下幕僚部長を王宮に招待し、王宮前の広場に面した演舞殿において数万の民衆を前にし、さっそうたる英姿をマイクの前に運び、カンボジア国独立の歴史的第一声を挙げたのであった。この日国王は真っ白な礼装に最高勲章を佩用《はいよう》し、マイクの前に右手を高く上げ、声高らかにカンボジア国の独立を宣言したのである。広場にあふれる数万の民衆は熱狂し、これに歓呼の声をもって答え、国王陛下万歳、カンボジア王国万歳を絶叫したのである》（同前）

実はカンボジア王家には、シハヌーク殿下以外にも有力な皇子が存在していた。もしもこのとき、日本軍が別の皇子を擁立していれば、その後の展開はまったく異なっていただろう。だが当時の日本政府は、フランス植民地政府のもとで即位をしたシハヌーク国王の続投を支持した。おかげでシハヌーク国王はその後もカンボジアの独立のシンボルとして活躍を続けることになる。

２０１９年12月、カンボジアを訪れた際に私もこの王宮広場を訪れた。王宮の壁にはシハヌーク前国王の大きな肖像画が正面に飾られ、その絵には１９５３　２０１９という二つの数字が描かれていた。１９５３とは、フランスとの協定を締結し独立を果たした年のことだ。残念ながら、この王宮広場で１９４５年３月に独立を宣言したことは「なかった」ことにされているわけだ。こうやって過去は忘れ去られていくのだろうが、果たしてそれでいいのか、カンボジアの強い日差しを浴びながら、考えさせられた。

当時の話に戻ろう。

日本軍の支援のもと、カンボジアは念願の独立を宣言したが、独立を宣言すればそれで独立国家になれるわけではない。

只熊さんもこのカンボジア独立宣言について「獨立軍指導者の語るカンボチヤの獨立顚《てん》末《まつ》記」（『海外事情』昭和31年３月号、拓殖大学海外事情研究所）に、次のように記している（原文は正仮名正漢字だが、引用に際して現代仮名遣いに改めた）。

《此の日こそクメール民族史、否、東亜民族史上忘るべからざる画期的な出来事であり、日本、カンボチヤ両民族の因縁を形作る記念日であったのだ。だが一世紀に亘《わた》るフランスの搾取《さくしゅ》政権からやっと解放された此《こ》の雛鳥《ひなどり》の独立性は実に脆弱《ぜいじゃく》である。その独立強化に対する日本軍の責務は重かった》

第二師団司令部は、日本軍によって与えられた「独立」を維持できる実力がカンボジア側に存在していないことを熟知していた。

そこで第二師団は、カンボジア側に義勇軍部隊の創設を勧める。当時、王宮警備隊隊長に命ぜられた只熊さんはこう記す。

《独立したカンボチヤを自主的に防衛できるようにするため、昭和二十年六月一日義勇軍部隊を編成した。そこで私はその教育隊長を兼務し、「過去の傭兵《ようへい》的な陋習《ろうしゅう》から脱却し、その中堅幹部は愛国の志士より選抜する」という方針により、何は措《お》いても素質のよいものを選んだが、独立への熱意と民族意識の高揚から、この中から将来のクメール民族史を左右する人材が生れたのである》(同前)

実はフランス植民地時代には傭兵しかいなかった。ゲートルの色で、黒色が傭兵、赤がフランス軍に編入された傭兵と区別されていたが、カンボジアに忠誠を尽くす軍人は存在していなかった。そこで只熊さんたちは約30名の日本兵教官で教育隊を作り、カンボジア

第二章　政治編
カンボジアの反仏独立闘争と日本

カンボジアの首都プノンペンのメイン通りに建てられたシハヌーク前国王の像と筆者。

義勇軍の幹部育成を始めたのだ。

ちなみにこのとき、日本軍によって育てられた義勇軍の幹部たちが、その後の対フランス独立運動を主導したこともあって、独立達成後の1954年、カンボジアは対日賠償を放棄することになったのだが、今はそれを知る人が日本にもカンボジアにも存在するのだろうか。

◆日本の敗戦と独立運動への合流の決断

1945年当時に話を戻そう。

同年7月末、第二師団は軍命によりカンボジアからベトナムのサイゴンへの移動を命ぜられたが、只熊大尉は懇願されて王宮に留まった。

だが、それからわずか2週間もたたないうちにカンボジア王国の独立の後ろ盾となっていた日本が敗北してしまう。

敗戦の日のことを只熊さんは「獨立顚末記」にこう記している。

《昭和二十年八月十五日、私はカンボチヤ少壮幹部と昼の会食をしていた。ある下士官が慌《あわただ》しく入って来て、「市場で華僑が日本が無条件降伏したニュースを短波放送で聞いたといっている」と耳打ちした。だが私には到底信じ得られぬまま「デマ宣伝と云う巧《うま》い戦法もあるからな。欺《だま》されてはイカン」と大喝した。それから約三分も経ったろうか。それはプノムペン飛行場から飛び発つ我が友軍機がプノムペン上空を乱舞し始めた。誰云うともなく集会所の廊下に出て空を仰ぎやはり日本は敗れたというのは本当だなと直感した。その瞬間私の目からは大粒の涙がボロボロと頬を伝って流れ始めた。次の瞬間にはカンボチヤ軍幹部の頬にも私と同じ様に涙の流れているのを認めた》

日本の敗戦。それは、カンボジアの独立の後ろ盾の喪失を意味した。只熊さんは当時の気持ちをこう記す。

《余りにも日本を信頼し過ぎて来たカンボチヤの将来がどうなるだろうとまず考えた。責任観念ということをやかましくいわれ育てられて来た若人としてまた「大東亜民族解放」の「聖戦」を信じて来た青年将校としてこの土台が崩れたように思えた。カンボチヤ義勇隊に対して憚《はばか》る処もなく民族解放を鼓吹《こすい》し、彼等もまた日本に対し深く信頼を寄せていたのに、といろいろ煩悶《はんもん》している最中に、私にはまた私なりに一つの答えが出て来た。それは負けたのは日本軍であり、日本である。だがカンボチヤに植えられたイデオロギーは生きているはずだ、その斗志《とうし》は満々としている、これを見捨てて一身の安きを計ることは恥ずべきことではないか、とそう思うとただ一図に帰国を望んで昨日までの大言を忘れたような連中を軽蔑する気持が湧《わ》いた》(同前)

日本の敗戦とともに植民地復活政策をとったフランスは、連合軍の一員としてカンボジアを含むフランス領インドシナに舞い戻りつつあった。

正確にいえば、連合国一般命令第一号(1945年9月2日公布)に基づき、北緯16度線以北が蔣介石率いる中国国民党軍に、以南がイギリス軍に割り当てられ、フランス軍が本格展開するまでの間、進駐することとなった。同年8月末には北部ベトナムに中国国民党軍18万人規模の部隊が進駐、南部ベトナムには9月12日にルイス・マウントバッテン卿《きょう》率いる英印軍の第一陣が上陸し、それぞれ日本軍の武装解除に着手した。

1945年3月に独立を宣言したカンボジア政府は日本敗戦直後の8月16日、ソン・ゴク・タン首相による新政権を発足させ、フランス軍進駐に備えていた。ソン・ゴク・タン首相は、1942年にフランス総督官邸前での独立示威運動の組織者としてフランスの官憲から追われ、東京に亡命していた「知日派」の独立運動の志士であった。

このソン・ゴク・タン首相が敗戦後、ベトナムの首都サイゴンに駐留していた日本軍のもとにいて、日本への帰国の準備をしていた只熊さんに密使を送ってくる。対仏独立運動のためカンボジアに戻ってきてほしいという要請であった。只熊さんはこの要請を受けた。その経緯をこう記している。

《そこで昭和二十年九月の下旬、カンボチヤ国王並《ならび》に同国政府関係者とのお別れのためということで許しを得た。心中秘かに「友よサラバ」と永訣《えいけつ》を告げて一路カンボチヤの首都プノンペンへ向った。

到着と同時に、ソン・ゴク・タン首相、国防相並に一九四二年以来結成されていた愛国団の上級幹部三名と私を入れた六名の間に秘密会議が行われた。当時秘密裡《り》に行われつつある仏印政権の復帰計画とこれに対する防止対策等につき検討の上、私に最後的滞留の決心を迫られた》（同前）

只熊さんは「カンボジア国軍将兵の士気を確認した上で滞留するかどうか決定する」と答え、翌日、プノンペンの要所を警備している全部隊を訪問した。

《兵舎内の将兵等は、私を発見するや否や、集まって来て私を包囲し、口々に「教官殿、我々と一緒に居てくれるんですか？　もう日本へは帰ってくれるな、もし帰るなら我々も一緒について行く」と叫ぶのであった。そしてこの時に初めて、この地に止まるべきか、故郷へ帰ろうかの迷いの絆《きずな》がブッツリ絶たれ、もう後へは引けないことを判《はっ》きり自覚した》（同前）

かくして只熊さんは、無断で日本軍を離れる軍紀紊乱《びんらん》の罪を詫びるとともに、カンボジア独立運動に挺身する旨を記した手紙をサイゴンにいる第二師団の上官あてに送ったのだ。このとき只熊さんは25歳であった。

実は只熊さんのように敗戦後、インドシナ（現在のベトナム、ラオス、カンボジア）に残留した日本兵は８００名近く存在していたようだ。防衛研究所の立川京一戦史研究センター戦史研究室長が「インドシナ残留日本兵の研究」（『戦史研究年報』第５号所収、

2002年3月）という論文のなかで、次のように指摘している。

《フランス極東派遣軍参謀部第二部が一九四六年三月二十二日付けで作成した文書によると、フランス軍はサイゴンの日本軍司令部に対して離隊・逃亡者数を教えるよう要求していることがわかる。そして、同史料には、フランス側からの問いに対する日本側の回答が六二〇人であったと記されている》

その後の調査などから立川氏は《最終的にインドシナに残留した日本人は七〇〇人から八〇〇人の範囲であったのではなかろうか》と推定している。

彼らはなぜインドシナに残留したのか。只熊さんをはじめとする残留日本兵とその関係者への聞き取り調査をもとに立川氏はこう分析している。

《残留の動機として第一にあげられるのは、独立運動の支援である。自分たちは大東亜共栄圏の建設、アジアの解放を目的に戦争を遂行してきたと信じていた若き日本軍将兵の中には、志半ばにしての突然の終戦を納得して受け入れることができなかった者たちがいる。彼らはインドシナ現地の独立運動勢力に身を投じて、現地人たちとともに独立戦争を戦うことを通じて、目標を貫徹しようとしたのである》(同前)

防衛省の防衛研究所が残留日本兵の歴史を調べ、このように記録を残そうとしてくれていることは極めて重要だ。

◆ベトミンを育てた残留日本兵

日本の敗戦後、再植民地化を目指すフランス軍に対して当時のカンボジアの人々も、独立闘争を決意する。

只熊さんの証言によれば、シハヌーク国王自らは平和的手段でフランスと交渉し独立を求めるが、その一方で日本軍によって育成された義勇軍は武力手段で国王の外交交渉をバックアップするという計画が、ソン・ゴク・タン政権によって策定された。シハヌーク国王と義勇軍が役割分担をすることでフランスからの独立を、全面的な武装闘争ではなく、外交交渉によって勝ち取ろうとしたわけだ。

義勇軍側は、カンボジア国内の各所に地方委員会を秘密裡に組織し、独立闘争の準備を本格化させていった。もし平和的手段をもってその目的を達成し得ない場合に備えて、ゲリラ戦の準備と屯田《とんでん》兵の組織などが具体的に始まっていった。

併行して義勇軍は隣のベトナムの反仏・独立運動との連携も始めた。

ベトナムではカンボジアと異なり、１９４５年8月15日、日本軍が降伏すると、8月19日から8月28日にかけてベトナム独立同盟会（ベトミン）が指導する蜂起《ほうき》が全土で起こった。

ベトミンはインドシナ共産党の主導下でベトナム帝国のバオ・ダイ（保大）帝を退位させて権力を奪取し、ベトナム民主共和国臨時政府を成立させた。そして9月2日、ベトナムの首都ハノイで、インドシナ共産党の指導者ホー・チ・ミンによってベトナム民主共和国の独立宣言がなされていた。

ベトナムの独立運動は共産党主導であったのに対して、カンボジアのソン・ゴク・タン政権は非共産・反仏・親日であり、その政治イデオロギーはまったく異なっていたが、フランスという共通の敵と戦うためにベトミンと手を組んだのだ。

実はベトミンとは、抗仏という目的のほかにも、知られざる共通項があった。インドシナに残留した日本兵の多くが、ベトミンに参加していたのだ。防衛研究所の立川京一氏は前述の「インドシナ残留日本兵の研究」という論文のなかでこう指摘している。

《ベトミンに参加した残留日本人は旧日本軍将兵が多く、また、将校よりも下士官・兵の方が数的に圧倒的に多かった。彼らはベトミンに参加したのち、ベトミン軍の顧問格となり、多くは軍事教官として現地人青年たちを相手に、例えば、気をつけの姿勢や行進、匍《ほ》匐《ふく》前進、銃の撃ち方・扱い方（小銃は三〇人に一丁ぐらいの割合でしかなかった。）、そして、戦闘隊形の採り方などの基本的な軍事教練を施した。彼らは自分たちが所属しているベトミン軍の戦区の司令部などから要請を受けて、通常、二人一組で農村や山岳部へ赴《おもむ》き、周辺の青年数十人を集めて、短期集中的にこうした訓練を実施した》

残留日本兵たちは、ベトミン軍の士官学校まで開校している。

《特筆すべきは、インドシナ紛争が本格化する前の一九四六年六月、ベトナム中部のクァンガイにベトミン軍の陸軍中学校が開校されたことである。同校はある残留日本兵の発案によって設置された軍学校で士官学校に相当する。ここでも残留日本兵が教官や助教と

なってベトナム各地から選抜された約四〇〇人を相手に、およそ半年間、部隊指揮官の養成を行った》（同前）

只熊さんの指導を受けたカンボジアのソン・ゴク・タン政権が、残留日本兵によって育てられたベトミンと手を結んだのもある意味、自然な流れであったのかも知れない。

◆自由クメール軍の創設

一方、シハヌーク国王は、フランスと連携しながら外交交渉によって独立を勝ち取るという平和的アプローチを模索していく。

天川直子氏は「カンボジアの紛争」（武内進一編『アジア・アフリカの武力紛争――共同研究会中間成果報告』所収、日本貿易振興機構、２００２年）において次のように指摘する。

《１９４５年10月、イギリス軍がカンボジア駐留の日本軍を武装解除した後、シハヌーク国王は、フランスへ忠誠を誓うとともに、フランス連合内においてインドシナ連邦を創設するというフランスの意図に対する支持を表明した。翌年1月、シハヌーク国王はフランスと保護条約を締結し、その結果、カンボジアは再び戦前とほぼ同様に、フランスの保護下におかれた》

シハヌーク国王にとって誤算だったのは、カンボジアを保護下に置いたフランスが1945年12月、ソン・ゴク・タン首相、愛国団および義勇軍の上級幹部らを一斉に逮捕したことであった（逮捕されたソン・ゴク・タン首相は禁固25年の判決を受け、フランス本国のニース刑務所に送られた）。

もちろん、カンボジア独立を望む義勇軍らは反発し、抗仏独立闘争は結果的に高まっていくことになる。天川氏はこう指摘する。

《このようにして復帰してきたフランスに対して、カンボジアでもベトナム、ラオスと同様に、抗仏勢力が勃興した。カンボジアの抗仏勢力は、クメール・イサラク（自由クメール）と総称された。これは、ベトナム独立同盟のような明確な綱領を持った組織化された運動体ではなく、フランスの復帰に反対すること以外には共通項を持たない、様々な政治

的傾向を帯びた抗仏勢力の緩やかな連合体の呼称であった》（同前）

この自由クメールの組織化に、只熊さんも深く関与した。

ソン・ゴク・タン首相らが逮捕されると、当然、義勇軍と連携していた只熊さんにも追及の手が伸び、プノンペン郊外のジャングルを転々とすることになる。フランスの官憲と親仏派のカンボジア新政府（モニレット殿下を首相とする新政権）の警察によって追われた只熊さんらは、義勇軍の関係者たちによって匿《かくま》われながら、ゲリラ部隊の編制を進めた。

1946年3月頃までには、義勇軍を中心に数千名の独立軍を組織して武装闘争に転じる段階までこぎつけた。問題はその拠点であった。

幸いなことにタイに割譲された元カンボジア領バッタンバン省の土着有力者の協力を得て、1946年の暮れまでにここにゲリラ基地を建設することに成功する。そして1947年末までにはタイ・カンボジア国境地帯を拠点に自由クメール軍を発足させ、只熊さんはその最高顧問に就任したのだ。

このようにベトナム、そしてカンボジアにおける独立「軍」がそれなりに形になった背景には、只熊さんたち残留日本兵たちの貢献があった。防衛研究所の立川京一氏は、フランスの陸軍戦史部（ＳＨＡＴ）において次のような史料を発見している。
《フランス極東派遣軍参謀部第二部が一九四六年八月九日付けで作成した報告には次のような文面が見られる。

日本人の技術面での支援がなければ、ベトミン軍が現在のように組織的に行動することはできなかったであろうことは明らかである。日本人がベトナム人に譲渡したとしかその入手先を説明することができない武器を暴徒が所有しているという否定できない証拠があるように、暴徒は作戦指導、戦術、戦闘指揮においても、まったくもって日本人の影響を受けていることは間違いない。

これが残留日本兵の問題に関して、フランスが達したある種の結論である》（『インドシナ残留日本兵の研究』）

少なくともフランス側は、ベトナム、カンボジアなどの独立闘争において残留日本兵の果たした役割が極めて大きかったことを認めているわけだ。政府だけが日本ではない。民間人の動きもまた、日本だ。そして敗戦後も、アジア各国の独立に、残留日本兵、つまり日本が影響を与えたことを「事実」として記録に残しておきたいものだ。

少なくともインテリジェンスの歴史においては、残留日本兵がアジア各国の独立にどのような影響を与えたのかを正確に記録として残し、将来の対アジア・インテリジェンス活動に活用することが重要だし、そう考えているから防衛研究所もこうした研究をしているのだろう。

◆王の十字軍

当時の話に戻ろう。日本敗戦後、フランスの保護下にいったん入ったシハヌーク国王はフランスと粘り強く交渉を続け、１９４７年5月6日、カンボジア王国憲法を発布して国民議会を開設すべく、同年、第一回普通選挙を実施する。

この選挙では、フランスから帰国した抗仏派の若い知識人たちが指導力を発揮し、民主党が圧倒的な勝利を収めた。

ところが、元義勇軍らの支持を得て議会の多数派となった民主党の政治家たちは、フランスに宥和《ゆうわ》的なシハヌーク国王と対立を繰り返す。このため1949年、国王は議会の解散を宣言した。

だが、シハヌーク国王は独立を諦めたわけではなかった。議会勢力と対決しつつも、フランス側に対してカンボジアの独立を認めるよう、粘り強く外交交渉を続けていたのだ。カンボジアにとって幸いだったことは当時、フランス側は、ベトナム、ラオスで起こっていた武装闘争によって窮地に立っており、外交交渉を重視するシハヌーク国王率いるカンボジアに対しては宥和策をとらざるを得ない状況に追い込まれていた。カンボジアまで武力闘争に踏み切ったら、フランスはお手上げになってしまうからだ。

追い詰められたフランスは1949年11月、パリで条約を締結し、カンボジア、ラオス、ベトナムに対して「フランス連合国内における独立」を認めた。

ただし実際は、国内の行政権だけを許された自治領にすぎず、独立国家とは程遠かった。独立国家が保持すべき外交権、経済権、軍事権、警察権などは一切認められていなかったからである。

只熊さんが関与していた自由クメール軍は、このパリ条約では不十分だとして国民にデモの実施などを呼びかけ、自身も武装闘争を強化した。議会の多数を占めていた民主党も完全独立を訴え、その動きに呼応して首都プノンペンをはじめ各都市で学生と民衆によるデモが起こり、フランス側はますます窮地に立たされた。

この自由クメール軍の動きについて前述の天川氏は、次のように指摘している。

《クメール・イサラクの側でも、49年11月のカンボジアのフランス連合内での限定的独立を契機にして、一部は王国政府に投降した。しかし、完全独立を目標に掲げる残存勢力は、インドシナ共産党の工作によって50年にはクメール・イサラク統一戦線に発展し、インドシナ共産党（1951年にベトナム、カンボジア、ラオスそれぞれの党に分離。カンボジアではクメール人民革命党が創設された。）の指導によって民族解放闘争を遂行し、勢力を拡大していった》（「カンボジアの紛争」）

この天川氏の指摘を読むと、1950年以降の自由クメールは、インドシナ共産党によって指導されていたかのようだ。しかし、自由クメール軍にいた只熊さんによれば、その指導者はシハヌーク国王の一族、ノロドム・チャンタラインセイ殿下であった。只熊さんはのちに、次のような証言を残している。

《チャンタラインセイ殿下であるが、父にあたるノロドム・チャンドリカも徹底した反仏思想を持ち、ムチャッス・トゥ（トゥ殿下）という別名を持っていた。そして終始国民の信望の的として存在していた。チャンタラインセイ皇子が日本軍設立の義勇軍に積極的に入隊し、後のクメール解放運動の主役として独立史を飾ったことは次の機会で披露するとして、皇子的な資質とは別に、勇敢であり読み・書き・話術がとても達者で、万能皇子として爽やかな面を兼ね備えていた。彼は父君の名にあやかって、フランスはもとよりベトナム共産勢力をはじめタイ王国の羨望の的となった。国軍があったにもかかわらず、解放軍［引用者註：自由クメール軍］でありながら1954年7月のジュネーブ協定のカンボジア代表に抜てきされた経緯が、それを物語る》（「カンボジアと私（ルックルー・ジッポン）」『AFA論集』2000年度（3）所収、社団法人アジア親善交流協会）

自由クメール軍に共産党勢力が入っていたことは確かだが、あくまで主力は、チャンタラインセイ殿下を中心とした、それも日本に好意的な抗仏独立を求める人たちであったのではなかったのか。さらなる検証を求めたい。

ともあれ、自由クメール軍らが完全独立を求める動きを活発化させるなか、1952年6月15日、シハヌーク国王はまたしても議会を解散した。事実上の独裁的立場を確保したシハヌーク国王は翌1953年3月5日、独立を宣言するとともに、完全独立を求める国内行脚《あんぎゃ》を始める。

ジャン・デルヴェール著『カンボジア』（石澤良昭・中島節子訳、白水社・文庫クセジュ、1996年）はこう記す。

《国王が独立を宣言した（三月五日）のに対し、フランスは逃げの戦術に出た。ノロドム・シハヌーク王は、肩書にヴァルマンを加え、「王の十字軍」として知られる独立運動行脚の旅に出た。

帰国した王はプノンペンには戻らず、まずバッタンバンに赴き、その後シェムレアップに腰を据えた。フランスに有無を言わさず「独立を」認めさせるため、同時に外敵（この場合ベトミン［＝ベトナム独立同盟会の略称、当時の北ベトナム軍のこと］）に対抗できることを証明するため、若者たちを動員し、木製の銃（「モイ・ピー」＝「一・二」とニックネームがついた）で武装した義勇軍を急遽《きゅうきょ》編成した。人々はあまり抵抗もせず従った》

当時、ベトナム共産党軍、つまりベトミンはベトナムで抗仏闘争を繰り広げると同時に、カンボジアにも侵入し、治安が悪化していた。

シハヌーク国王は、地方の若者たちを動員して「自分の国は自分で守る」態勢を構築するとともに、カンボジア領内に侵入してきているベトミン、つまりベトナム共産党軍と戦う姿勢を示すことで、フランスから譲歩を得ようとしたのだ。

◆1953年11月9日、ついに独立達成

国内の共産主義勢力と戦うことがカンボジアの完全独立につながる。そうしたシハヌーク国王の見通しを後押ししたのがアメリカだった。

1953年4月13日、シハヌーク国王は訪米し、アイゼンハワー共和党政権のジョン・フォスター・ダレス国務長官と会談をした際に、彼からこうアドバイスを受けたのだ。

「貴国の共産主義者を打ち破りなさい。そうすれば、フランスに圧力をかけて必要なことをさせます」（『カンボジア現代史』W・バーチェット著、土生長穂・小倉貞雄・文京洙

訳、連合出版、1992年）

インドシナの共産化をなんとしても阻止したかったフランスとアメリカからすれば、国内のベトミンと戦うシハヌーク国王の動きは歓迎すべきものであった。

現にフランスは、シハヌーク国王に対して宥和政策をとるようになり、1953年8月に司法権および警察権の委譲に関する協定を、同年10月には一部の軍事権移譲に関する協定を結び、カンボジアの完全独立を容認する方向へと、舵《かじ》を切ったのだ。

そして同年11月9日、ついにフランスの同意を得て完全独立を達成する。現在、この日がカンボジア独立記念日となっている。カンボジアにとっては20世紀に入ってから二度目の独立宣言となる。

只熊さんが関与していた自由クメールも抗仏ゲリラ闘争などを繰り広げていたが、完全独立が達成されるや、シハヌーク国王のもとに一斉に投降する。

一方、自由クメール軍に入り込んでいた共産主義勢力である「ベトミン」と、約5000名ともいわれる「クメール・ベトミン」は、カンボジアを出て、ベトナムに向かった。正確にいえば、カンボジアはフランス軍などと協力しながら、二つの共産主義勢力を追い出したのだ。その指揮をとったのが、只熊さんを《実兄同様に慕っていた》チャンタラインセイ殿下であった。只熊さんはこう証言している。

《爪先に至るまで親日的に活動した（中略）チャンタラインセイ殿下はジュネーブ協定後もさらにカンボジアのベトナム化を恐れて、ベトナム共産勢力を国内より追い出す作戦を決行し、1950年代半ばにすでにベトナムが侵略してきていたが、国土の中央に聳え立つアライン山麓（1300m級の山）に陣取っていた》（「カンボジアと私（ルックルー・ジッポン）」）

かくして1945年から実に9年もの間、カンボジアは抗仏独立闘争を続け、国内の共産主義勢力も追い出し、見事に独立を勝ち取ったわけだ。

そしてこのカンボジア独立闘争を支えた一人が、只熊さんであった。日本敗戦後、日本軍から離脱してカンボジアに残り、日本軍が創設した義勇軍を基盤として自由クメール軍を創設し、ゲリラ戦を指導した只熊さんは、独立闘争の志士たちからは「ルックルー・ジッポン（日本の先生）」というニックネームで呼ばれ、カンボジア政府からは勲章も授与された。

このように日本軍による義勇軍の創設と只熊さんの活躍がカンボジアの独立に大きな影響を与えた。そしてその影響の大きさを理解していたから、独立を果たしたカンボジアは、日本に対する賠償を放棄したわけだ。

過去の歴史を直視し、将来に向けて語り継いでおきたいものである。

二　民主主義を排除し、共産党と組んだ国王が内戦を招き寄せた

◆悲劇は独立達成直後から始まった

１９５３年11月９日、カンボジアはジュネーブ協定という国際社会の承認を得て「カンボジア王国」として完全独立を達成した。

確かに政治的には独立を達成した。だがその前途は決して明るくなかった。長らくフランスの植民地下にあって独立国家を運営する人材は不足していた。インドシナ３か国のなかでは比較的豊かな農業国ではあったが、まだまだ経済的には貧しかった。

しかも国境を接する隣のベトナムは、米仏が支援する南ベトナムと、中ソが支援する北ベトナムとに分割され、いつ戦争になってもおかしくない状況であった。そして当時のカンボジアには、自分の国を自分で守るだけの軍事力はなかった。

救いは、政治的安定だった。敬虔《けいけん》な仏教徒が多いカンボジアの農民たちは、シハヌーク

国王を尊敬しており、国王を中心にまとまることができたからだ。
ところが、その政治的安定をシハヌーク国王自身が破壊してしまったことから、カンボジアの悲劇は始まった。

２０１９年12月、カンボジアを訪れた私は、クメール・ルージュによる虐殺から辛うじて逃れて助かったある方にインタビューをすることができた。カンボジアの街の至るところにシハヌーク国王の肖像画が飾られているのを見た私は「シハヌーク国王は今も敬愛されているのですね」みたいな意見を言ったところ、反応が微妙だった。気になって尋ねるが、なかなか口が重い。それでもしつこく尋ねたら、こう言ってきたのだ。

「シハヌークは確かに農村部のお年寄りには圧倒的な人気がありましたが、外国で学んだ知識人層や若い人たちは必ずしもそうではありません」

それで「それは１９７０年代以降の、クメール・ルージュ、つまり共産党政権時代の影響で、君主制を敵視するようになったからですか」と再度尋ねると、こう述べたのだ。

「カンボジアの内戦、政治的混乱の一因は、シハヌークにあるのです。確かに長い内戦で分裂したカンボジアをまとめるシンボルとなったのはシハヌークですが、内戦を引き込んだのもまたシハヌークなんです」

日本で発行されるカンボジア近現代史に関する本の多くは、シハヌーク国王の指導力を評価するものが多い。それだけに意外な印象を抱いたので帰国後、いろいろと調べていくと、只熊さんが残した記録をきっかけに、日本ではあまり語られてこなかった、シハヌーク国王の実態が見えてくるようになった。

◆独立闘争の同志たちと敵対

前述したように、カンボジア独立闘争は次の二本立てであった。

①シハヌーク国王＝親仏カンボジア政権
②ソン・ゴク・タン「民主党」政権＝自由クメール（クメール・イサラク）軍＋ノロド

ム・チャンタラインセイ殿下

シハヌーク国王は、フランス政府と連携しながら外交で独立達成を目指す。その動きを側面支援すべく、議会多数派を握った民主党がデモ・抗議活動で、自由クメール軍はゲリラ活動で、フランスに圧力をかけていくという構図だ。

この戦略は成功し、1954年7月21日、ジュネーブ停戦協定が成立してカンボジアの独立が決定するや、自由クメール軍はシハヌーク国王のもとに投降した。

そしてこのジュネーブ協定に基づいて1955年9月11日に総選挙が行なわれることになった。カンボジア王国は、シハヌーク国王のもと、自由主義陣営の一員として出発することになったわけだ。

ところがシハヌークはこの総選挙に先立ち、3月2日に突如退位宣言を行ない、父君のノロドム・スラームレットに王位を譲るとともに、4月に自ら「サンクム」（人民社会主義共同体）という国民運動団体を組織し、選挙に打って出たのだ。圧倒的な知名度を誇るシハヌーク率いるサンクムは、それまで議会の多数派を占めていた民主党（ソン・ゴク・タン派）を押しのけて圧勝し、シハヌークは総理大臣に就任した。

国民統合の象徴たるシハヌーク国王は独立を達成した途端に王位を父親に譲って退位し、独立闘争をともに闘ってきた民主党の政治家たちと敵対したわけだ。民主党からすれば「ふざけるな」だ。

これは日本に譬《たと》えると、アメリカの占領下からようやく独立を果たした途端に、それまで同志であった吉田茂率いる自由党に対抗して、昭和天皇が新党を立ち上げて総選挙に勝利し、昭和天皇政権をつくったに等しい。

なぜそんなことをしたのか。

一つは、民主党内の「共産主義勢力」への警戒があった。実はフランスからの完全独立を達成した時点で、フランス政府による治安維持機能は一気に弱体化した。それまでカンボジア国内で活動していた共産主義勢力への監視は弱まっていくことになった。

1954年のジュネーブ協定で自由クメール軍に入り込んでいた共産党勢力、カンボジア国内にいたベトミン、つまりベトナム共産党（正式名称はベトナム労働党）軍と、カンボジア共産党員によるクメール・ベトミンはベトナムに引き上げた。

一方、フランスに留学していたカンボジアの知識人たちが一斉に帰国した。どちらかというと急進左派に属する彼らが民主党の主導権を握り、王政に対して批判的な論調を強めていく。しかもこのフランスからの帰国組には、パリで共産党に入党した共産主義者たちも少なくなかった。

実はカンボジア共産党は1951年9月30日に、ベトナム共産党の指導で創設された。正式名称は「クメール人民革命党」だ。この人民革命党に合流したフランス留学組の一人がサロット・サル、のちにポル・ポトと名乗り、大虐殺を実施する指導者だ。人民革命党は総選挙に向けて表の合法組織として「人民党」を発足させ、民主党との連携を働きかけた。その工作を担当したのがポル・ポトだといわれている。

個人的な政治的野心と、こうした民主党の左傾化への警戒もあって、シハヌークは自ら政界に打って出たのではないのか、というのが読売新聞の山田寛氏の分析だ。

《だいたい国の独立も自分一人で勝ち取ったと思っている彼［引用者註：シハヌーク］は、さらに政治の実権を完全に握りたいと考えた。シハヌークは五五年三月に王位を父に譲り、憲法上の制約から離れると、翼賛政治運動組織「人民社会主義共同体（サンクム）」を結成した。ロン・ノル、シリク・マタクら右派と協力して、政党政治をつぶす戦略だった。サンクム以外の政党活動は厳しく弾圧された。こうして五五年九月の選挙は、絶大なシハヌーク個人の人気と、激烈な選挙干渉と暴力で、サンクムが九一全議席を独占する結果となった》（『ポル・ポト〈革命〉史』山田寛著、講談社選書メチエ、2004年）

◆只熊さんも敵視された

この総選挙に関わった只熊さんも同じような回想を残している。

只熊さんは独立を達成した時点で日本に帰国するつもりであった。だが、独立闘争の同志たち、つまり民主党の政治家たちから総選挙の手伝いを頼まれたのだ。

《独立したからもう帰ろうとしたら、民主党のエリート達が来て、「1年間帰るな。選挙運動を手伝っていけ」というので、残されたわけであるが、私ごとで汗顔《かんがん》の至りだが、解放住民の対日敬慕はもとより、かなり私を信用、愛顧していたため、私の名前を使って、国道に近いあらゆるお寺というお寺でルックルー・ジッポン［註：只熊さんの愛称］主催の選挙運動を展開したのである》（「カンボジアと私（ルックルー・ジッポン）」『AFA論集』2000年度（3）所収、社団法人アジア親善交流協会）

カンボジア国内で独立闘争をしていた自由クメール軍関係者も、シハヌーク国王を敬愛していたものの、政治的には民主党支持が多かった。そのため只熊さんの「民主党」支援活動は、「サンクム」を率いるシハヌーク国王から敵視されてしまう。只熊さんはこう回想している。

《プノンペンから50㎞離れた西のコンポンスプー州の知事をしていた、民主党の若手のリーダーだった私の友人の兄が、あまり派手なことをやるとだめだよ。タダクマ、タダクマとあまり言うものだから、タダクマをかわいがっていた国王が怒っている。独立運動を一緒にやったけれども、義勇軍［引用者註：自由クメール軍のこと］が民主党に傾いているものだから、シハヌーク国王がジェラシーを感じていた。国王自身も王宮を守るために人民社会同盟党（サンワム・イリッス・ニジョム）を作ったので、選挙に勝たなければならない。だからわれわれは絶対に勝つ。しかし、汚れた日本の将校が妨害しているという話をしたらしい。

それで営林署長をしている兄弟分のような民主党の人が私のところに来て、「先生、あまり長くいたら危ないから帰りなさい。もし帰るならおそらく二度と帰ってこられないだ

ろう」とアドバイスしてくれた》（同前）

もう一つ、シハヌークが只熊さんたちを警戒した理由があった。自由クメール軍を率いたノロドム・チャンタラインセイ殿下のためだ。

《［殿下は］そもそも反仏皇子であるところから、義勇軍に一番乗りをして、爪先に至るまで親日的に活動した。先生である私を実兄同様に慕われたことはまったく感激の至りだが、これがインドシナ全線に殿下を利用したベトナムをはじめ、国内では王座を守ろうとするシハヌーク国王に警戒、反感をもたらした大きな要因でもあった。ノロドム家の直系でもあり、解放軍であったことから、国際的にも認められていたところから、独立軍が勝ったら、国王をチャンタラインセイ殿下に移すのではないかと警戒心を持たれたということであり、私に対する不信と警戒心の大きな要因でもあった》（同前）

民主党が選挙に勝利すると、民主党と自由クメール軍が支持するチャンタラインセイ殿下に王位を奪われるのではないかと警戒したというのだ。

かくして共産主義勢力への警戒心、権力への執着、王位の確保などの理由からシハヌーク国王は自ら翼賛組織「サンクム」を立ち上げて総選挙で圧勝した。それは、左派勢力だけでなく、ともに独立闘争を闘ってきたチャンタラインセイ殿下や、民主党のなかにいた「親日的な民主主義勢力」をも政界から排除する、ということであった。当然のことながら、カンボジア人民党も、民主党も、シハヌーク体制に敵対するようになっていく。

◆幻となった「5万人移住」構想

総選挙後の1956年8月に帰国した只熊さんは、元上官の馬奈木敬信元駐カンボジア軍司令官に挨拶に伺った。

馬奈木元中将が福岡の修猷館《しゅうゆうかん》高校時代の先輩にあたる当時の緒方竹虎元副総理に只熊さんのことを報告したところ、緒方副総理は興味を示され、会うことになった。そのときのことを只熊さんはこう回想している。

《選挙運動で遊説中の緒方竹虎先生にお会いした。その際、緒方副総理よりカンボジアへの貢献をねぎらわれ、「戦争は終わった。しかしわれわれ司政官が作った大東亜共栄圏の理念は達成していない。ただ、いま自由民主党の選挙になるが、副総理格として残ることは確かなことである。そこで君はカンボジアを担当して、大東亜共栄圏のビジョンを実現しよう」とのありがたいお言葉をいただいた》（「カンボジアと私（ルックルー・ジッポン）」）

その後、緒方元副総理は急逝するが、翌1957年11月21日に岸信介総理のカンボジア訪問が実現する。カンボジアが戦争賠償を放棄したことに対する友好訪問であった。その際、カンボジア側から日本の青年を核とした5万人の移民を要求される。カンボジアの国家建設に日本の青年の力を欲したわけだ。

カンボジア側の要請を受けて外務省の矢口麓蔵《ろくぞう》移住局長が官民連携で調査団を派遣し、只熊さんとのつながりで民主党がその受け入れの窓口になった。移住先は、コンポンソム港に近いタケオ州に内定した。

だが、カンボジア共産党のポル・ポトらの影響を受けた民主党左派がこの移住構想に反対し、シハヌーク首相もこの構想に否定的であったことから、結果的に頓挫《とんざ》してしまう。仮に日本の青年5万人の移住が成功していたら、カンボジアの経済はその後、もっと発展し、カンボジアの命運もかなり違ったことになっていたに違いない。

ちなみに移住予定先に近いコンポンソム港はその後シハヌークビル港と改称され、現在は中国共産党政府の手によって開発され、実質的に中国の拠点と化している。日本の不在が、中国共産党の進出を容認してしまっているわけだ。

◆シハヌーク「翼賛」体制

さて、1955年の総選挙で権力を掌握したシハヌーク首相はいかなる政治を目指したのか。

外交官で駐カンボジア大使を務めた今川幸雄氏はこう評している。

《サンクムの政治は、内政面では王制社会主義であるが、社会主義と言ってもマルクス・レーニン主義ではないことはもとより、富国強兵を標榜《ひょうぼう》するものでもなく、王室と仏教を大切にしながら、農民や貧困層の生活向上をはかり、美しい国造り運動を進めるという温健《ママ》なもので、正にシハヌークの理想とする政治理念そのものである。外政面では、中立政策で、冷戦下にあって東西両陣営のいずれの側にも偏らないで、安全と領土保全を維持し、当時東の隣国ベトナムで激しい戦闘が続いていたベトナム戦争の戦火をカンボジアに波及させないことを最大の目標としたが、シハヌークの中立政策はアメリカから理解されず、カンボジアの対米関係は困難を続けた》(『新版　現代カンボジア風土記』今川幸雄著、連合出版、２００６年)

独立を達成したばかりのカンボジアを何とか発展させ、平和を保ちたい。そう願ったのは確かだったろうが、シハヌーク「王制社会主義」体制は、深刻な問題を引き起こした。何しろ１９４７年に公布されたカンボジア憲法では国王は「国家最高の長」であり、総理大臣の選定、内閣の統率、王国軍隊の統率権など絶大の権限を有していた。その絶大の権限に加えてシハヌークは議会の多数派を掌握し、総理大臣として行政権まで掌握したのだ。

東海大学(当時)の高橋宏明教授はこう指摘している。

《シアヌーク首相は、王制社会主義を信奉させるべく、8歳以上15歳以下の男女を対象にした「クメール王国社会主義青年同盟」(略称ユヴァチョン)を組織し、選挙運動などに駆り出した。時には「シアヌーク首相の親衛隊」として治安警察と共に、野党の選挙運動の妨害を行なうようになった》（「1960年代カンボジアの政治体制と社会変化」『東海大学教養学部紀要』第47輯、2016年）

個人崇拝《すうはい》も強化された。

《サンクム体制化では、中央省庁や地方自治体の建物には、シハヌークの肖像画が何枚も飾られた。首都プノンペンや地方都市の目抜き通りでは、シハヌークによる国家建設の実績を称える巨大な写真パネルが設置された。パネルには「殿下万歳！」、「殿下とともに国家建設を邁進《まいしん》しよう！」といったスローガンが盛り込まれていた》（同前）

◆一党独裁の強化

個人崇拝の強化は必然的に、政府の不正をチェックする野党の存在を否定していくことになった。

議会制民主主義を嫌ったシハヌーク首相は1957年8月、民主党を解党に追い込み、民主党党員をサンクムに取り込んでいく。以後、唯一の反対勢力である「人民党（共産党のこと）」の関係者も弾圧を恐れて地下活動に入っていく。

前述の高橋教授はこう指摘する。

《シハヌークは、敵対する政治勢力や異なった政治思想を唱えるグループを、内部に取り込むか、あるいは排除し弾圧していった。こうして、１９５０年代後半には実質的に、複数政党制による政治が終わった。民主主義的な政治体制は構築されず、国民の政治的自由は制限されるのであった》（「１９６０年代カンボジアの政治体制と社会変化」）

シハヌーク首相によってカンボジアには、異論を認めず、政敵を徹底的に弾圧する政治文化が生まれていく。

１９６１年に、隣国でベトナム戦争が勃発すると、実質的な一党独裁のもと、国内の政治的弾圧はますますひどくなっていった。しかも、カンボジア共産党が王制打倒を叫ぶようになったことが弾圧をいっそう強めることになった。

《1960年代に入りベトナム戦争が激化すると、北ベトナムによるカンボジア国内の左翼グループへの支援や働きかけに対して、シハヌークは過剰に反応しだす。秘密警察を使って、左派グループを頻繁《ひんぱん》に弾圧するようになった。秘密警察に連行されたまま、行方不明になった活動家も珍しくなかった》（同前）

独裁体制を強めるシハヌーク体制は、国内を分裂させていくことになる。高橋教授はこう続ける。

《シハヌークの政治的支持基盤は、一部の政府官僚と大多数の農民層である。政府高官は、植民地時代以来の保守的な王党派が多くを占め、自らの既得権益を守るために王制を支持していた。地方の農民は、「神としての王」シハヌークを信仰していた。都市部で台頭しつつあった新興エリート層は、王制と共産主義の間で揺れ動いていた》

新興エリート層が王制に反発するようになったのは、民主党が弾圧され、言論の自由が抑圧されていたこともあったが、決定的だったのは経済問題であった。

《1960年半《ママ》ばになると、徐々に都市部の人々の間に不満が広まってくる。特に、独立以後の教育政策によって高学歴を得た若いインテリ層の間にその傾向が著しく、彼らはシハヌーク批判の声を上げるようになった。高等教育を受けても、卒業後に彼らを吸収する雇用の場がなかったからである。政府には、官僚が溢れていたので、大卒者であっても特別なコネがなければ、役人になる道も閉ざされてしまっていた》（同前）

カンボジアは社会主義政策を採用していたので、民間企業の活動は抑制されていた。唯一といっていい就職先である官僚、公務員にしても、シハヌーク首相とその関係者の一族によって牛耳られていた。

《政府の主要機関の人事に目を向けてみると、目ぼしいポストにはシハヌークの一族が登用されていた。特に警察機構や税関関連の人事が独占されていた。たとえば、治安・警察組織にはモニク夫人の兄弟が要職に就いた。（中略）親族による政府主要人事の独占は、容易に汚職と結びついた。また、1960年代の政府には、シハヌーク一族ばかりでなく、高級官僚一族による官職の独占が顕著《けんちょ》であった。シハヌークは、こうした腐敗と不正を積極的には排除することができなかった》（同前）

かくしてシハヌーク政治に対して都市部のエリート層や学生たちは不満を強めていく。そしてこの動きに呼応したのが、南ベトナムに「亡命」していた、ソン・ゴク・タン元首相ら旧「民主党」勢力であった。

◆中立から親中反米へ

ソン・ゴク・タン元首相ら政敵を受け入れ、反シハヌーク勢力の活動拠点となった南ベトナムとその背後にいるアメリカに対して、シハヌーク首相は敵対的な姿勢を強めていく。そしてその反動からシハヌーク首相は、共産党率いる北ベトナムとの関係を強めていく。その仲介をしたのが中国共産党であった。

独立を達成した１９５４年当時、シハヌーク国王はアメリカの軍事援助と経済援助を受け入れ、カンボジアは「西側（自由主義陣営）」の一員として「国連」加盟も承認された。

ところが１９５５年４月、第二次世界大戦後に独立したインドのネルー首相、インドネシアのスカルノ大統領、中国共産党政権の周恩来首相、エジプトのナセル大統領らの呼びかけでアジア・アフリカ会議（バンドン会議）に参加したシハヌークは、その5か月後の9月14日に「中立」を表明した。この「中立」宣言は、アメリカともソ連・中国とも同盟関係を結ばないという意味であったが、実際は中国共産党との関係を強化していく。

バンドン会議で親しくなった周恩来首相の招待を受け、1956年2月、北京を訪れたシハヌーク首相は大歓待を受ける。同年11月には、周恩来がカンボジアを訪問し、盛大な歓迎を受けた。当然のことながら、アメリカとその同盟国であるタイ、南ベトナムは反発した。特にアメリカの軍事的経済的援助を受けながら、中国共産党との関係を強化するシハヌーク首相に対して、アメリカは疑念を強めていく。

にもかかわらず、シハヌーク首相は中国共産党との関係強化に前のめりになっていく。

1958年6月、カンボジアと中国は正式に国交を樹立。1960年12月、シハヌークは国家元首の立場で北京を訪問し、中国との間に「友好相互不可侵条約」を締結した。

対するアメリカは1961年1月、アメリカ民主党のジョン・F・ケネディが大統領に就任すると、「南ベトナムにおける共産主義の浸透を止める」との名目で、ベトナムへの米軍派遣を決定する。

米軍派遣によってベトナム戦争が本格化していくなかで、シハヌークは、なんと共産主義陣営へのめり込んでいったのだ。１９６１年12月、自由主義陣営のタイとの国交を断絶。次いで１９６３年８月27日、南ベトナムとの関係を断絶し、代わって北ベトナムの代表部が首都プノンペンに設置された。１９６４年には北ベトナムと秘密協定を結び、ベトナム共産軍のカンボジア領内の駐留・移動を認めた。そして１９６５年５月３日、ついにアメリカとの国交を断絶する。

どうしてシハヌークは反米になったのか。前述の高橋教授はこう指摘する。

《１９６５年５月、シハヌークは米国と国交を断絶した。米国によるタイと南ベトナム支援が、カンボジア国内を不安定にし、反シハヌーク勢力を伸長させているとしたからである》（「１９６０年代カンボジアの政治体制と社会変化」）

１９６１年に始まったベトナム戦争は、アメリカの支援を受けた南ベトナムと、ソ連・中国共産党政権によって支援された北ベトナムとの戦争であった。

そして南ベトナムでは、政敵のソン・ゴク・タン元首相ら旧「民主党」勢力がシハヌーク批判を繰り返していたのだ。前述した読売新聞の山田寛氏も、こう指摘する。

《六五年二月には米軍機の北爆（北ベトナム爆撃）が開始され、三月には海兵隊のダナン（中部ベトナム）上陸で、いよいよ米軍の直接介入が始まった。（中略）

ベトナム戦争激化は、さしあたってシハヌーク中立外交をいちだんと左寄り、ベトナム共産勢力との協力路線へ旋回させた。南ベトナムには、旧敵のソン・ゴク・タンが頑張っていて、クメール・セライ（自由クメール）を名乗り、反シハヌーク宣伝を展開して殿下をいらいらさせてもいた》（『ポル・ポト〈革命〉史』）

シハヌーク独裁体制によって弾圧され、国外に追い出されたソン・ゴク・タンら旧「民主党」勢力は、反共の南ベトナムと連携を深めていた。その動きに反発したシハヌークは、共産主義を掲げる北ベトナム、そして中国共産党との関係を強めたわけだ。国内政治と対外政策は連動するのだ。

◆北京・ジャカルタ枢軸の成立

シハヌークと中国との関係強化は、中国側の働きかけによるところも大きかった。

第二次世界大戦後、国際社会は、アメリカ率いる自由主義陣営と、ソ連率いる共産主義陣営とに真っ二つに分断されていた。

中国はソ連の共産主義陣営にいたのだが、1956年2月、ソ連共産党第二〇回党大会で、ニキータ・フルシチョフ第一書記がスターリン批判を行なったため、東欧各地で動揺が起こった。しかもこれを契機に中国とソ連の間でイデオロギー論争が起こり、中ソは対立を深めていく。

この中ソ対立はアジア太平洋地域にも波及し、アメリカ、ソ連、そして中国の3か国による権力闘争にアジア諸国は振り回されていく。

特に中国は「革命の輸出」といって、アジアの新興独立国家との関係を強化し、対象国を共産化することで、中国共産党を中心にしたアジア「共産国家」ネットワークを構築しようとした。その主要な工作対象が、インドネシア、カンボジア、ベトナム、北朝鮮の4か国であった。

中国は1960年前後から軍と共産党を基盤とした「挙国一致体制（ナサコム）」を唱えたインドネシアのスカルノ初代大統領との関係を重視した。

1963年9月にマレーシア連邦がイギリスから独立すると、インドネシアは「マレーシアは、アメリカ帝国主義が東南アジアを侵略するための前進基地としてつくられた」と非難し、反米姿勢を強めた。

このスカルノ率いるインドネシアの反米姿勢を支持したのが中国であった。1965年1月、マレーシアが国連安保理非常任理事国に選ばれたのに反発し、インドネシアは国連脱退を通告した。中国は直ちに「今こそアメリカ帝国主義の国連支配に終止符を打つべきだ」として、インドネシアに対する軍事支援を約束した。

かくしてこの頃から国際社会に、「北京・ジャカルタ枢軸《すうじく》」という言葉が登場するようになる。同年2月、アメリカが北ベトナムに対する「北爆」を始めるや、中国は「ベトナム人民の反米救国闘争を支持する」と表明する。

この年の8月17日、インドネシアのスカルノ大統領は、アジアに中国共産党を中心とした「反米統一戦線」が生まれつつあると明言した。そのときの様子を8月18日付『朝日新聞』朝刊は、こう報じている。

《インドネシアのスカルノ大統領は十七日、インドネシア独立二十周年式典で、二十世紀を〝反帝国主義の世紀〟と呼び、反帝、反植民地戦線の全世界的な強化を強調した。この演説は二時間にのぼる長さで、とくにアジアにおける反帝国主義闘争の前進と成功を力説し、北京―ピョンヤン（平壌）―ハノイ―プノンペン―ジャカルタの弧《こ》状の枢軸が同闘争の核になっていると述べ、また「帝国主義反対のためには原爆で防御する自由がある」と強調した》

１９６５年春の時点でアジアには、中国、北朝鮮、北ベトナム、カンボジア、インドネシアによる「反米統一戦線」が出現しつつあった。対する自由主義陣営は、アメリカ、タイ、フィリピン、台湾、韓国、オーストラリアなどであり、劣勢だった。

同年9月30日、党員２００万人を擁したインドネシア共産党が武装クーデターを起こしたが、スハルト将軍率いるインドネシア陸軍が反撃に成功した（「9・30事件」）。実権を握ったスハルトは、中国共産党政権との関係を絶ち、代わってアメリカとの国交を回復する。

しかも戦時中に日本軍によって指導された経験を持つスハルトらが1967年8月、反共を掲げた東南アジア諸国連合（ASEAN）を結成したことから、アジア共産化の危機は辛うじて回避されることになった。このインドネシアでの共産革命阻止からASEAN結成の背後で日本が重要な役割を果たしたのだが、この話は改めて論じたい。

◆国内でのベトナム共産軍の活動を容認

インドネシアが「反米統一戦線」から脱落すると、シハヌーク元首は再び迷走していく。前述したように1965年5月、シハヌークはアメリカとの国交断絶に踏み切った。それがシハヌーク体制を弱体化させていくことになった。高橋教授はこう指摘する。

《この国交断絶は、軍人の給与遅配や待遇低下を招くことになってしまった。兵隊の給与は、米国からの経済援助によってまかなわれていたのである。カンボジア国軍の装備は貧弱になり、地方に駐屯する軍部隊はますます困窮していった》（「1960年代カンボジアの政治体制と社会変化」）

困窮した地方の軍人たちは、ヤミ米の取引に従事するようになっていく。その取引の相手は、なんとベトナム共産軍であった。

前述したようにシハヌーク元首は１９６４年、北ベトナムと秘密協定を結び、ベトナム共産軍のカンボジア領内の駐留・移動を認めた。そして１９６６年には、ベトナム共産軍と連携するカンボジア共産党主導の「南ベトナム解放民族戦線」（ＮＦＬ：ベトコン・１９６０年12月20日設立）の聖域がコンポンチャム州につくられ、シハヌークビル港から北ベトナムへの武器弾薬補給ルート、通称「ホー・チ・ミン・ルート」がラオス・ベトナム・カンボジア国境沿いにつくられた。

かくしてベトナム共産軍は、カンボジア領内で活動するようになり、大量の食糧が必要になった。これは日本でいえば、サヨク政権が北海道辺りに北朝鮮軍の軍事基地をつくらせ、武器・弾薬や食料の密輸を黙認するようになった、ということだ。

山田寛氏はこう記す。

《ベトナム共産軍はカンボジア領にますます大量に、深く恒常的に入り込み、そこを安全な〝聖域〟として最大限利用するようになった。彼らはコメを必要とした。カンボジアで収穫されたコメの三〇～四〇パーセントまでもがベトナム、特に共産軍に密売される事態となった》（『ポル・ポト〈革命〉史』）

なぜ米が密売されるようになったのか。それは、カンボジア政府よりもベトナム共産軍のほうが高く買ってくれたからだ。高橋教授もこう指摘する。

《当時、政府は米を農家から政府価格で買い上げ、米取り引きを統制していた。しかし、ベトコン（南ベトナム解放民族戦線）による買い上げ価格の方が高く、農民は政府に米を出し渋っていた。そこに目をつけた軍は、農民から米を集め、不正にベトコンに供給して利益を得ていたのである。農民と軍を仲介したのは、華僑系の商人で、彼らはプノンペンで力をつけつつあった新興ビジネス・エリート層であり、徐々に政治的発言権を強めていた》（「１９６０年代カンボジアの政治体制と社会変化」）

カンボジアの軍人と華僑が、ベトナム共産軍にヤミ米を売りさばいていた。密売される米が増えれば、税収が減る。困ったシハヌーク政権は、政府が農民から強制的に安く米を買いつけるキャンペーンを展開した。高橋教授はこう続ける。

《1966年頃から政府が米の取り引きを厳しくし、ベトコンに流れるヤミ米をシャットアウトしようとした。こうした施策によって不満を募《つの》らせたのは、地方の農民よりもむしろ、軍人や都市部の華僑系ビジネスマンたちであった》

アメリカからの財政支援がなくなり、主要作物である米の4割近くがベトナム共産党に流れて税収も減り、国内にはベトナム共産軍が横行するようになっていく。

もともとベトナム人とカンボジア人は仲が悪い。ベトナム共産党軍の横行を容認したシハヌーク政権への批判は国内で日に日に高まっていく。

そこで1969年3月28日、シハヌーク元首は「わが国に潜入してくるヴェトナム共産党員は日に日に増加している。もはや隠しようがない。世界世論はこの事実を認識すべきである」と明言して、ベトナム共産軍の詳しい位置を公表した。10月6日には、カンボジアに駐留するベトナム共産軍は4万人を超えると発表した（『カンボジア』ジャン・デルヴェール著、石澤良昭・中島節子訳、白水社・文庫クセジュ、1996年）。

カンボジア国内でのベトナム共産軍の活動を容認したのはシハヌーク元首自身であったのに、あたかも悪いのはベトナム共産軍であるかのような言いぶりだ。政権内部のロン・ノルら右派は呆れることになる。

しかもシハヌークは１９６９年半ばにアメリカとの国交を回復し、カンボジア領内のベトナム共産軍基地への米軍による秘密爆撃を黙認した。これによってシハヌーク政権の左派は、完全に離反してしまう。その一方で6月13日、シハヌーク政権は、カンボジア共産党主導の「南ベトナム解放民族戦線」の臨時革命政府を承認し、革命政府への物資補給に関する密約を結んだ。

国内で活動するベトナム共産軍への米軍の攻撃を黙認しながら、その一方でカンボジア共産党には物資を補給する。シハヌーク元首は一体どうしたいのか。不満と不信の声が左右両派から噴出したが、肝心のシハヌーク元首は、趣味の映画製作に没頭していく。自らを主人公にした恋愛映画など10本以上の作品をつくり、同年プノンペンで映画祭を主催している。

◆ロン・ノル「反共」政権の樹立

1970年1月6日、シハヌーク元首は渡仏した。外遊中の3月8日、カンボジアのスヴァイリエン州で、住民とベトナム共産軍との紛争が起こった。その3日後の11日、駐カンボジア北ベトナム大使館がデモ隊の襲撃を受けると、パリにいたシハヌーク元首はベトナム共産軍を擁護し、デモへの非難声明を出した。

シハヌークは、カンボジア国民よりも、ベトナム共産軍のほうが大事なのか。シハヌークを支えた政権内部から、激しい反発が噴き出す。そして18日、国民議会と王室諮問《しもん》委員会は満場一致でシハヌーク国家元首を解任する。代わって国民議会議長チェン・ヘンが国家元首に就任し、ロン・ノル政権が発足した。

山田寛氏はこう書く。

《シハヌーク国家元首がフランス休暇旅行の帰途ソ連を訪問していた時、ロン・ノル首相による無血クーデターが発生した。共謀者はシソワット王家出身、シハヌークと不仲で米国と太いパイプを持つシリク・マタク副首相。彼が米情報当局の支援を得て敢行《かんこう》したという》（『ポル・ポト〈革命〉史』）

一方、ジャン・デルヴェールは《合衆国の示唆《しさ》というのは、可能性が薄い》と指摘しつつも、《重要なことは、シハヌークがなぜ解任されたかである》として、こう論じている。

《政府と議会の主張は、シハヌークの政策はカンボジアを死に追い込むということだった。シハヌークが、ヴェトコンと北ベトナム兵の国内駐留を事実上容認していたからである。ロン・ノル、そしてとりわけ熱烈な愛国者シリク・マタクの動機はここにあったに違いない》(『カンボジア』)

ただし、ベトナム共産軍への反発だけが要因ではなかった。

《シハヌークに対する憎悪には、個人的な理由もからんでいたと思われる。この憎悪には、シハヌークの取り巻き、なかでもモニク王妃方一族の贈収賄がからんでいた。それに、シハヌークの権威主義と酔狂も原因だった。カンボジアの知識階級、とくにフランス帰りの若者たちは、殿下の「気まぐれ」や勝手に企画する映画祭などに、耐え難い思いをしていた。映画祭では、監督としてまた俳優として必ず殿下が受賞することに

なっていた。（中略）
就職口のない若い学生たちに突き上げられて、情勢を考えず、ブルジョワ階級が「自ら変革」しようとしたのである》（同前）
アメリカの秘密工作があろうがなかろうが、シハヌーク元首は解任されたというわけだ。

◆ベトナム共産軍の侵略を要請したシハヌーク

外遊中に国家元首を解任されたシハヌークは急ぎ、中国を訪れた。事態打開に動いたのが、ベトナム共産党と中国だったからだ。

《ベトナム労働党は、この事態に対応して、シハヌークとカンボジア共産党の連合によるカンボジアの解放勢力を構想した。シハヌークは、この構想を抱いたベトナム労働党と中国政府の説得に応じて、反ロン・ノル闘争を宣言し、民族統一戦線の結成を呼びかけた。カンボジア共産党はこの呼びかけに応じる形で民族統一戦線に参加した》（「カンボジアの紛争」天川直子著、武内進一編『アジア・アフリカの武力紛争――共同研究会中間成果報

告』所収、日本貿易振興機構、2002年）

シハヌークは1970年3月23日、ベトナム共産軍に、ロン・ノル政権打倒の軍事介入を要請する。この要請を受けてベトナム共産軍が国境を越えカンボジアに侵攻、これに呼応して、ロン・ノル政権打倒に立ち上がったのがカンボジア共産党、つまりポル・ポト率いるクメール・ルージュであった。

かくしてシハヌークの要請によってカンボジア内戦は始まった。これは、日本でいえば、譬えはよくないが、親米政権によって退位させられた昭和天皇が中国共産党政権に身を寄せ、中国人民解放軍と北朝鮮軍を日本に送り込んだようなものだ。シハヌークは自らの権力を守るためにベトナム共産党と組み、カンボジアを戦場にしたのだ。

ベトナム共産軍の侵攻に対してカンボジア政府軍は装備も劣り、劣勢であったが、大学生や高校生が次々と軍隊に入隊し、抵抗を続けた。

1970年4月下旬になると、ベトナム共産軍を叩くために、3万人の米軍と、4万人の南ベトナム軍（反共ベトナム軍）がカンボジアに投入されたが、ベトナム戦争への対応に追われた米軍はわずか1か月で地上軍を引き揚げてしまった。米軍の撤退後、カンボジア政府軍は敗走を続けた。1971年10月頃には国土の60パーセントがベトナム共産軍とクメール・ルージュの支配下に入った。

◆米軍に依存したロン・ノル政権

カンボジア軍が敗走を続けたのは、ロン・ノル政権自身にも問題があったからだ。1970年3月18日シハヌークを追い出したロン・ノルらは10月9日、自由と民主主義に基づく共和国の設立を宣言した。

《一九七〇年十月九日の共和国設立宣言は、大学生・高校生たちをよろこばせた。しかし、若者たちが望んでいた「汚れなく堅固」な国家にはならず、農民大衆にとっては不可解な体制だった。堕落は際限なく軍隊をむしばみ、隊長は部下が犠牲になっても上層部に報告しなかった。軍人への手当は頭割りで支給される食事手当制度で成り立っていたからである。こうして、もはやこの世に存在しない兵士の俸給は隊長の懐に入った。参謀本部は架空の兵力で戦闘を開始せねばならなかった》（ジャン・デルヴェール著『カンボジア』）

シハヌーク独裁体制下で汚職と賄賂が横行していたこともあって、カンボジア軍は、すっかり腐敗してしまっていたのだ。しかもシハヌーク政権時代に染みついた汚職と独裁体質は、ロン・ノル政権にもそのまま受け継がれたのだ。

《一九七二年二月、今度は本物のクーデターが起きた。元帥《げんすい》になったロン・ノルは、チェン・ヘン議長に辞任を迫り、国民議会を解散した。ただし、ロン・ノルは議会の合法性はそのままにしておき、自分に都合のよい憲法草案を作成させ、国民投票によって承認を受けた。若者たちが立ち上がった。政府軍は学生暴動鎮圧に翻弄された。ロン・ノルは、これまでの不満分子学生たちの支持を失った。このとき多くの学生たちがクメール・ルージュに合流したという》（同前）

独裁と汚職を受け継いだロン・ノル政権に反発した若者は、クメール・ルージュに合流していく。しかも、カンボジア領内に侵入してきたベトナム共産軍を自力で追い返すことができなかったロン・ノル政権は、米軍を頼った。

《米国防総省が七三年七月に公表したところでは、米軍は内戦開始前年の六九年三月から、カンボジア領内のベトナム共産軍の「聖域」に激しい秘密爆撃を行っていた。爆撃は、インドシナ軍事介入にうんざりした米議会がニクソン大統領の手を縛り、七三年八月一五日で停止されたが、四年五ヵ月の間に降り注いだ爆弾総量は、五四万トン。第二次大戦中に日本に投下された量の3倍である。うち約半分の二六万トンは、七三年二月からの最後の半年間に集中した》（山田寛著『ポル・ポト〈革命〉史』）

米軍に戦ってもらっていたロン・ノル政権と異なり、クメール・ルージュ側は中国共産党の支援を受けつつも、自前の兵力を確実に拡大していった。

当時クメール・ルージュは自らを「アメリカ帝国主義の傀儡《かいらい》であるロン・ノル政権からカンボジアを解放する民主勢力」を宣伝し、その宣伝につられてロン・ノル政権に反発した若者たちが次々とクメール・ルージュに合流しており、実に2万人もの兵力を擁するようになっていた。どこの国でも、正義感の強い若者は美辞麗句に弱いのだ。

◆米軍の爆撃が国民を共産軍へと追いやった

クメール・ルージュを一大勢力にしたもう一つの要因が、米軍の爆撃であった。

1973年1月27日、パリ協定が結ばれ、米軍を含むすべての外国兵力がカンボジアから撤退することで合意した。この合意を受けてクメール・ルージュは、ロン・ノル政府軍への総攻撃を仕掛けた。そのままでは首都プノンペンもクメール・ルージュによって占領されかねない事態だった。

やむなく米軍は、プノンペンを守るため、徹底的な爆撃を実施した。

《首都周辺まで迫った「解放勢力」に対して、日によっては超大型戦略爆撃機B52が五〇回、小型の戦闘爆撃機が二二〇回もの爆撃を行った。それによる「解放軍」兵士の死者は一万人以上とも推計された。

おかげでプノンペンはまだ生き延びた。しかし、長期的にはいろいろ問題を生んだ》

（山田寛著『ポル・ポト〈革命〉史』）

今回の取材でも当時を知る人たちから、米軍による爆撃がいかに酷《むご》いものであったか、いろいろと聞かされた。遺跡に残る米軍の爆撃の跡も見せられた。誤爆が多かったことが事態を悪化させた。山田氏はこう続ける。

《第一に、「解放勢力」軍の陣地や部隊をねらうはずが、村々への大量爆撃で民衆も多数殺傷した。ロン・ノル軍の地上からの情報に基づいて目標を選定しているのだが、その情報がいい加減だった。多くの農村青年が復讐を叫んで「解放」側の隊列に加わった》

農村青年を「解放」側に追いやっただけではない。米軍の爆撃は、大量の避難民を生んでしまった。

《第二に、内戦期間を通じ戦火を逃れて農村から都市に流入した避難民は、全人口の約三分の一、二百数十万人にのぼったが、そのかなりの部分は〝無差別爆撃〟を逃れたものだった。大量の避難民を抱え、ロン・ノル行政は立ち往生した。首都のコメ不足は激化した》（同前）

しかもベトナム戦争での被害の大きさから厭戦《えんせん》感情にとらわれた米議会の厳しい批判を受けて1973年8月に米軍は、爆撃を停止せざるを得なくなった。

米軍の支援を望めなくなったロン・ノル政権はやむなく二度にわたって和平を提案したが、「解放」側は拒否した。ロン・ノル政権は足元から崩れ始めていたからだ。

山田氏はこう指摘する。

《ロン・ノル側支配地域の七四年のインフレは三〇〇パーセントにものぼったから、プノンペンはじめ各地で暴動や華商襲撃が起きた。徴兵強化反対もあって、暴動の主役は学生たちだった。内戦の敵軍が迫っているというのに、学生イコールほとんど暴徒だった》（同前）

ベトナム共産軍とクメール・ルージュら「解放」軍は74年6月、プノンペンへの最終攻撃を敢行することを決定したが、アメリカ議会は、もはやロン・ノル政権への援助を認めなかった。ロン・ノル大統領自身が国外に亡命してしまっていたからだ。

《四月初め、ロン・ノル大統領は涙を流しながら、一〇〇万ドルの〝手切れ金〟とともにハワイに亡命して行った》（同前）

山田氏のこの記述は痛烈だ。自分で自分の国を守る力がなかったカンボジアを、アメリカは見放した。威勢のいいことを言っていた「親米派」の政治家は、国民を見捨てて亡命してしまった。哀れなのは、残されたカンボジアの国民たちだ。

米軍がベトナムを含むインドシナ半島から完全撤退に踏み切ると、1975年4月17日、中国共産党の支援を受けたクメール・ルージュがプノンペンを攻撃し、大した抵抗もしないまま、ロン・ノル政府軍は降伏した。この日までの約5年間のカンボジア内戦による犠牲者は40万人ともいわれている。

◆「大虐殺」とベトナムとの紛争

だが、内戦の終結は、さらなる悲劇の幕開けとなった。

新しい支配者となったクメール・ルージュの指導者ポル・ポトは、中国共産党の「文化大革命」の影響を受けており、国内で無謀な共産主義革命を実施しようとした。

共産主義は、資本家に代表されるブルジョワ階級と、小作農や労働者に代表されるプロレタリア階級とに分け、「労働者階級と資本家階級による闘争こそが人類の歴史である」という階級闘争史観に立脚している。そして「搾取《さくしゅ》がない、平等な労働者の天国を実現するためには、プロレタリア階級の代表である共産党による革命」が必要だと考えていた。

よってポル・ポト政権（民主カンプチア）は、共産革命に反対する人々を「反革命分子（スパイ）」とみなし、次々に逮捕・処刑していった。問題は、ロン・ノル政権下にいた住民はすべて「反革命分子」だとみなされたことである。

プノンペンを占領したポル・ポト政権は、1975年4月17日から18日にかけて、プノンペンにいた200万以上の全市民を、地方の農村へと追い出した。続いて都市という都市すべての住民が「反革命分子」の恐れがあるとして農村という名の収容所に送られた。農村行きを拒否した人たちはその場で処刑された。

一方、ロン・ノル政権の役人や軍人たちはほとんど全員、家族とともに逮捕され、刑務所に送られ、激しい拷問の末に処刑された。

今回の取材で「トゥールスレーン虐殺博物館」として公開されている刑務所跡と、「キリング・フィールド」の一つとして有名な処刑場跡を訪れた。音声ガイドからは、「反革命分子」とみなされて家族もろとも問答無用で刑務所に送られ、拷問を受けたり、親族を殺されたりした人々の生々しい証言が聞こえてきた。うずたかく積み上げられた頭蓋骨の山を前にして、手を合わせることしかできなかった。

このポル・ポト政権下の3年8か月20日間に、飢餓、疫病《えき》、虐殺などで100万〜200万人以上ともいわれる犠牲者を出した。この死者数は人口の13〜29パーセントに当たる。

ポル・ポト政権が敵視したのは、国内の「反革命分子」だけではなかった。

1970年から北ベトナム（ベトナム共産党）とクメール・ルージュは「打倒ロン・ノル政権」で共闘していた。しかし、クメール・ルージュ側は「ベトナム共産党は、カンボジアを衛星国とするインドシナ連邦をつくる夢を決して諦めない」と考えていて、ベトナム共産党を警戒していた。このためプノンペンを占領すると直ちに、カンボジア領土からのベトナム共産軍の排除を決定し、ベトナム共産軍兵士を逮捕・処刑していったのだ。しかもクメール・ルージュ政権はベトナムとの国境紛争を始めたのだ。山田寛氏はこう記す。

《七五年の両国の「解放」直後から、国境地帯やシャム湾の島々で武力衝突が発生していた。プノンペン放送は、七七年半ばから、東部の軍民が「外敵」と戦っていることを繰り返し報じていた。（中略）

ポル・ポト政権とすれば、「インドシナ連邦の野望」を断念させるには、戦いを通じカンボジアの強さをベトナムに思い知らせなければならない。（中略）「もっともっと思い切りベトナムの軍民を痛めつけ、土地を多少奪い返して、奴らに目に物見せてやらなければ駄目だ」と考えていたと思われる》（『ポル・ポト〈革命〉史』）

◆ベトナム共産党に占領されたカンボジア

1977年12月31日、カンボジアはベトナムとの国交断絶を発表した。この両国の対立は、中ソ両国の介入を招き入れた。山田寛氏は、その経緯をこう描く。

《七八年後半に中国の実力者として完全復活を遂げる鄧小平《とうしょうへい》副首相は、ポル・ポト政権によい感情は持っていない。（中略）だが、ベトナムは「カンボジアの断交発表は、中国の完全な同意を得て行われたものだ。中国が本格的に介入してくる可能性が高まった」

と判断した。そこで、中国と対決する道を選んだ》（『ポル・ポト〈革命〉史』）

以後、山田氏の取材を踏まえて経緯を記そう。

ベトナムは1978年3月、国内の華僑への弾圧を開始し、30万人近い華僑が脱出した。反発した中国は、ベトナムのインドシナ連邦支配を許すことは、中国にとってマイナスだと判断し、「対ベトナム紛争に直接介入はせず、ポル・ポト政権の自力闘争に任せるが、最大限の援助・兵器供与を行う」ことを決定したという。

「カンボジア・中国」対「ベトナム」という構図だ。

当時、ニクソン外交によって中国はアメリカと組み、ソ連と対立していた。敵の敵は味方だとしてベトナムは同年11月3日、ソ連と友好協力条約を結び、中国を牽制《けんせい》する体制を整えた。その1か月後の12月2日、ポル・ポト政権打倒を目指す「カンプチア救国民族統一戦線」（ヘン・サムリン議長）が東部国境地帯で結成された。

「カンボジア・中国」対「ベトナム・ソ連」という構図だ。

そして12月25日、ベトナム軍はカンボジアに侵攻し、翌1979年1月7日には、ポル・ポト政権を打倒し、以後、10年におよぶベトナム軍のカンボジア占領が始まった。
ベトナムによるカンボジア「解放」の理由の一つが、「クメール・ルージュによる大虐殺を阻止するため」であった。このため、親ベトナム派のヘン・サムリン政権は積極的に「クメール・ルージュによる大虐殺」を国際社会にアピールすることになる。
だが、カンボジアの犠牲者はすべてポル・ポト政権による「大虐殺」のせいなのか。今回の取材で「大虐殺」から命からがら逃げた方々に取材をしたが、その一人はこう話してくれた。

「カンボジア独立後、シハヌークがベトナム共産軍を引き入れたせいで内戦に次ぐ内戦で、国内には多くの犠牲者の骨が埋まっている。その骨のすべてをクメール・ルージュのせいにするのはどうなのか。クメール・ルージュだけを悪者にすることは、クメール・ルージュを打倒したベトナム共産党によるカンボジア占領を正当化することになりかねない」

カンボジア「解放」後の1979年1月、ベトナム共産軍の支援を受けたヘン・サムリンら親ベトナムの共産主義者たちによって「カンプチア人民共和国」が樹立された。以後、ベトナム共産軍は占領軍としてカンボジアに居座り、ジャングルに逃れたクメール・ルージュとの内戦を戦いながら、行政に深く浸透していく。

ベトナム共産軍は１９８９年にようやくカンボジアから撤退し、１９９１年10月に、米中ソ仏といった大国の合意のもと、パリ和平協定が締結された。ソ連邦が崩壊したのはその２か月後の12月のことである。

ソ連という後ろ盾がなくなったため、ベトナム共産軍はカンボジアから撤退し、ヘン・サムリン「親ベトナム」政権も、中国を後ろ盾とするクメール・ルージュらと和解せざるを得なくなったわけだ。小国は常に大国の力学関係に振り回される。

１９９２年３月から国際連合カンボジア暫定《ざんてい》統治機構（ＵＮＴＡＣ《アンタック》）による統治が開始され、１９９３年５月には国連の監視下で選挙が実施された。９月に制憲議会が新憲法を発布し立憲君主制を採択、中国に亡命していたシハヌークが国王に再即位した。

だが、その実権を握ったのは、親ベトナム派のフン・センであった。「10年にわたるベトナム共産軍の占領の影響で、軍や治安組織はベトナム系によって牛耳られてしまったからだ」と、現地の人が小声で教えてくれた。

フン・セン首相は、もともとクメール・ルージュに所属していたが、粛清を逃れるためベトナムに亡命し、親ベトナムのヘン・サムリン政権のもと、1985年にわずか32歳で首相兼外務大臣に就任した。1993年5月の総選挙を受けてノロドム・ラナリット殿下とともに暫定共同首相に就任したが、1997年7月に、ラナリットの外遊中に軍事クーデターを起こした。以後2022年現在まで人民党（共産党）議長兼首相として権力を維持している。

今回の取材で、ある記念塔を訪れた。近年、カンボジア各地で建設されているもので、「1978年末、クメール・ルージュからカンボジアを解放してくれたベトナム共産軍に感謝する記念塔」だ。カンボジアは再びベトナム共産党の影響下に置かれようとしているわけだ。

シハヌーク国王が自らの権力を維持するため、民主主義を否定し、中国共産党やベトナム共産党と組んだことがその後の内戦と外国による軍事介入を生み、結果的にカンボジアをベトナム共産党の影響下に置く事態を生んでしまった。しかも近年、カンボジアは中国共産党の影響も強く受けている。

その悲劇の歴史を理解している人がどれほどいるのだろうか。カンボジア復興に協力している日本側は理解しているのだろうか。

プノンペンのメイン通りに聳え立つシハヌーク前国王の像を思い出しながら、共産主義の脅威が現在も進行中であることを見て見ぬふりをしてはならないと、自らに言い聞かせた。

第三章 国際関係編

中国化するカンボジアの行方

ジャーナリスト 福島 香織

中国の革命輸出とカンボジアの運命

◆トゥールスレーン虐殺博物館にみる文革の影

カンボジア・プノンペンを訪れれば、たいていの観光客はトゥールスレーン虐殺博物館を参観する。プノンペン都心より南方に4キロほどのところにあるリセ（高校）をクメール・ルージュは反革命分子の収容所兼尋問施設に転用した。1976年4月頃のことである。S-21とも呼ばれたこの施設は200か所にわたる収容所網から集約された最重要政治犯の極秘センターとなり、「一度入ったものは生きては出られない」拷問施設と化していった。1万2000～2万人が収容され、生存者は12人。ベトナム軍が1979年1月7日にプノンペンを制圧した翌日、その臭気に気づき、施設が発見された。施設内にはクメール・ルージュが撤退間際に殺害した14人の遺体、そして拷問の限りを尽くされ、腐乱し、異臭を放つ遺体が約50体あったという。

宮脇淳子先生と江崎道朗先生と一緒にはしゃぎ倒し笑い倒した楽しいカンボジア珍道中

も、さすがにこの場を訪れるときは、それぞれ一人ずつに分かれて沈黙して参観した。そこは、肌に張りつくような強い日差しのカンボジアにあって、暑さを忘れる空間だ。汗は噴き出ているが背筋が寒い。私は日本語音声のガイドイヤホンを借り、そのガイドどおりに忠実に参観したのだが、ドキュメンタリータッチの穏やかなナレーションの向こうに、ベトナムやＣＩＡのスパイの容疑をかけられ、拷問の末に亡くなった人々の断末魔を絶えず聞いているような気分になった。

彼らのほとんどが冤罪《えんざい》であったといわれている。クメール・ルージュの末期は幹部たちの内ゲバ状態になり、自分の無罪を証明するために、あるいは拷問に屈して同僚友人を売り、容疑者と疑われた者はやはり拷問苦から解放されたくて自白する。看守は自分が疑われないよう、忠誠を見せるためにいっそう残虐になった。

チュンアイク村のクメール・ルージュの刑場跡地、通称「キリング・フィールド」は、きちんと慰霊碑が建ち、犠牲者の霊魂は浄化されている気がするのだが、トゥールスレーンにはまだどす黒い怨念が、たとえば政治犯たちが拘留《こうりゅう》されていた狭い独房に残る臭いや、拷問が行なわれた部屋に残されたベッド下のシミ、無造作に置かれている拘束具などの錆《さび》にまとわりついていた。

この博物館を参観して思い出すのは、やはり中国の文化大革命において反革命罪で拷問を受けながら、非業の死を遂げた人々のことだ。大躍進《だいやくしん》の失敗で失いかけた権力を取り戻すために、毛沢東が発動した、およそ10年にわたる文化大革命の最初のターゲットになったのは国家主席だった劉少奇《りゅうしょうき》。陰惨極まる拷問と尋問、虐待を受けた上、河南《かなん》省開封《かいほう》市の暖房もないコンクリートむき出しの倉庫に幽閉され、ベッドに縛りつけられて排泄物にまみれたまま1か月放置されながら、息絶えていった。1969年11月12日に死亡したが、その死は秘匿《ひとく》され、1980年に名誉回復されるまで外部が知ることはなかった。そして同時に「造反有理《ぞうはんゆうり》」(謀反《むほん》にこそ正しい道理がある)のスローガンのもと、全国各地、さまざまなレベルで、暴力による粛清が展開された。死者は公式には40万人、推計で110万～160万人といわれている。被迫害者は1億人以上、当時の人口の13パーセントとみられている(アンドリュー・ウォルダー推計)。

文革中の政治犯に対する拷問のやり方は、ここでは書かない。鉄くぎやのこぎり、水、汚物、凌辱《りょうじょく》といったキーワードで語られる陰惨な拷問の記述は、地方の党委員会の記録、海外の大学の中国学研究室などに保存されている生存者のオーラル・ヒストリー記録にもあり、さまざまな研究で明らかにされている。それはトゥールスレーンで展示されている拷問器具から想像されるものと似通った手法であった。

こうした残忍な「革命」が、中国とカンボジアだけではなく、この時代、世界各地で行なわれていた。だがカンボジアは特に、おぞましいほどに中国と似ている。なぜカンボジアでここまで大躍進から文革と同様の状況が起きたのか。なぜ、拷問のやり方までそっくりなのか。もちろん、毛沢東の「革命の輸出」の成果であることはいうまでもないのだが、なぜここまでカンボジアで、毛沢東の教えに忠実に、ある意味、それ以上の「打破《だは》四旧《きゅう》（旧思想、旧文化、旧風俗、旧習慣）」を徹底できたのか。東洋の真珠とまで呼ばれたカンボジア・プノンペンを壊滅できたのか。

私はそこに東南アジア華僑の存在を感じる。そこでここでは、華僑特務ネットワーク「僑党《きょうとう》」「華運《かうん》」について考えてみたい。

◆周徳高の『我与中共和柬共』に見る「僑党」「華運」の働き

２０２０年4月12日のイースターデー、米カリフォルニア州ロサンゼルス市の郊外で、一人の華人が亡くなった。享年88。１９５０年代から70年代まで、カンボジアで中国共産党中央調査部（国家安全部の前身の諜報《ちょうほう》機関）の特務員として、中共（中国共産党）と柬《カン》共（カンボジア共産党）の連絡員として働き、柬共ポル・ポト派、通称クメール・ルージュとカンボジアの運命にも間接的に多大な影響を与えた周徳高《しゅうとくこう》だ。２００７年に刊行された彼のオーラル・ヒストリーである『我与中共和柬共（私と中共と柬共）』（朱学渕《ジュウシュエユエン》編集、香港・田園書屋）は、華人特務員の伝記としてもクメール・ルージュと中共の関係を華人視点で見る歴史資料としても、非常に詳細で興味深かった。その歴史の生き証人が一人、この米中新冷戦の先鋭化のさなかに、また逝《い》ったかと思うと、やはり時代の変わり目を意識せざるを得ない。

周徳高は1932年にカンボジア西部のバッタンバンの貧困農村家庭に生まれた。父は中国広東省潮州《ちょうしゅう》市掲陽《けつよう》県の農民出身、カンボジアにわたり鉄道建設労働者として働いていたが、その後、貧困農民に落ちぶれた。母親はクメール人と中国人のハーフなので、彼自身は4分の1クメール人になる。

8歳から寺院でクメール語を学び、その後、村がタイの進駐を受けてタイ語を学ぶようになった。だが、貧しさのために12歳から奉公に出て働くことになった。17歳になったとき、このまま、学のない底辺の人間でいるのかとの不安から思い立ち、働きながら学校に行くことを奉公先に認めさせた。小学校3年のレベルから始め、放課後には働き学費を稼ぐ苦学の末、その成績優秀ぶりと熱心さから、校長に認められ、学費を半額にしてもらったり、バスケットボール隊のキャプテンに推薦されたりした。1952年、21歳のとき、小学校を卒業すると、同窓生から「体育会」と呼ばれる華人団体に誘われて参加した。これこそが中共がカンボジアにつくった地下工作組織だった。

ここで「僑党」と「華運」について簡単に説明しておこう。

1927年の上海クーデター（4・12事件、国民党による共産党武力排除）後、大勢の共産党員が中国から東南アジアに脱出、彼らは東南アジア各国に「僑党」と呼ばれる華人組織を形成する。彼らは南洋共産党（のちに大部分がマラヤ共産党に入る）やインドシナ共産党（のちに大部分がベトナム共産党に入る）などに所属すると同時に中国共産党員の身分を維持し、中共の指導を仰ぎ、その後方支援やゲリラとしての研修を受けて世界革命に備えた。当時、この僑党への人員配置などの指揮をとっていたのは周恩来である。シンガポール華字紙「南洋商報」の主筆で左翼評論家として当時から名をはせていた胡愈之《こゆし》も、周恩来の命令を受けて配置された秘密工作員だった。この「僑党」を中核として、外側に「華運」（華人革命運動）が形成されていく。「僑党」と「華運」は中国共産党における東南アジア革命輸出を支える「二本の脚」と形容された。

東南アジアにはこの「華運」が発達する環境条件が非常に整っていた。一つには英仏資本主義の植民地統治を受けていたこと。英仏資本主義植民地統治は比較的寛容でスキがあり、特に教育、出版、文芸活動、少数民族社団の結成に対しては、独立と自由が容認されていた。だから、学校や出版社、新聞社を隠れ蓑《みの》にして、中共地下工作組織がつくりやすかった。

英仏植民地統治下では華人のための学校をつくることも、こうした学校の「体育会」「学生会」「スポーツクラブ」の名目で集会やデモを行なうことも合法だった。「僑党」は学校を通じて若く無垢《むく》な華僑青少年たちを組織に勧誘し、洗脳して、革命への参画にいざなうことができた。また華字新聞社や出版社を通じて政権の内外や知識人層、資本層に食い込むこともできたのだ。この手法は今の「孔子学院」や「在外華字新聞」を通じた「大外宣《だいがいせん》」(大対外宣伝)のノウハウに通じることは、拙訳『中国の大プロパガンダ』(何清漣《かせいれん》著、扶桑社、2019年、扶桑社新書、2022年)をお読みいただければわかるだろう。そうした欧米の「学問の自由」の価値観を利用しながら、若き華僑たちの欧米支配に対するコンプレックスと不遇、民族意識を刺激するのが、中共の伝統的な「統一戦線」手法といえる。

もう一つの条件は、多くの東南アジア諸国と中国は地続きだから、当時、人知れずに行き来ができた。たとえば、この時代のカンボジア秘密工作員として名前が知られている人物に常修文《じょうしゅうぶん》がいる。周徳高と同じく彼もプノンペンの貧困華僑家庭に生まれ、新華小学校に入学した。この学校の校長夫婦が、1939年に延安《えんあん》から派遣されたシンガポール華僑で、マラヤ共産党員として活動したのち、延安にわたり革命に参加、延安からカンボジアの秘密組織工作のために派遣された人物だった。この校長の推薦を受けて、常修文もわずか12歳で特務員としての教育を受け、北京で約8年間研修を受けていた。だが、その出入国記録、足取りは、フランス領インドシナ・ハノイにも、その後独立したベトナムにもカンボジアにも残っていない。ちなみに、この新華学校は、「抗日」を前面に掲げ、「擁《よう》共（共産党擁護）」の隠れ蓑《みの》にしていた。米英仏は華人の抗日思想を歓迎していたからだ。こういうテクニックは当時の東南アジアの英仏植民地政府の目を欺《あざむ》くための「僑党」の常という手段だったという。

話を周徳高に戻そう。彼は「体育会」の勉強会で『人民に奉仕せよ』『ベチューンを記念する』『愚公《ぐこう》山を移す』（老三篇と呼ばれる毛沢東の代表的講演論文）などを読みあさり、自らの貧しさと不遇を救うのは共産主義に違いないと傾倒していった。また地域の華僑リーダーの張東海《ちょうとうかい》やベトナムから来た抗仏活動家の蔡杭生《さいこうせい》といった人物と人脈を結ぶ。こうした人脈を得て、1956年バッタンバン地域の僑党が創刊した華字紙『棉華日《めんか》報』に就職、記者として12年働くことになる。クメールは中国語で「高棉《ガオミエン》（Gāo Mián）」という。棉華とはクメール中華の略語だ。1958年、中国とカンボジアが正式に国交を結んだあとは、『棉華日報』は中国大使館の指示に従う共産党のプロパガンダ組織、特務機関の隠れ蓑として本格始動する。

周徳高が大使館の指令を受けて最初にやった仕事は「友敵識別」というカンボジア華僑の思想調査だったという。記者の身分で各地を調査し、大使館が彼らにビザを発給するか否かの参考にその調査結果を提供した。忠実な周徳高は大使館の信任を得ていった。記者職はクメール政界、シハヌーク政権の貴族官僚からロン・ノル政権の軍部人脈、そしてクメール・ルージュの中核への人脈を開拓するのに役立った。周徳高は、カンボジア政治、社会、文化にも精通し、人脈も王族から軍部、極左に至るまで広く、クメール語、タイ語、中国語を操る上に、たぐいまれな記憶力を持つ優秀な工作員として、本人も気づかぬ間に中国共産党「中調部」（中央調査部）の対カンボジア秘密工作の中心人物の一人になっていくのだった。そして彼の妻と8歳の娘までもが、大使館の指令に従って工作員として動くようになっていった。

◆毛沢東の革命輸出

中国共産党の歴史を簡単におさらいしておくと、1917年にロシア革命を成功させたマルクス主義者のレーニンが、共産主義革命を世界に輸出する目的でつくったコミンテルンの指導を受けて1921年に結成され、コミンテルンの一機関として中国で革命を始めた。当初はソ連の指導に従って国内外で革命工作を行ない、ソ連は主に東欧、中国は東南アジア方面を向いていた。ホー・チ・ミンはスターリンを世界革命の総司令、毛沢東をアジア革命の総司令と形容した（1952年2月のベトナム労働党大会）が、初期はそういう役割分担がはっきりしていた。

いわゆる「反ファシズム世界戦争」と共産圏が呼ぶ第二次世界大戦で、中国、ソ連を含む連合国サイドが勝利し、中国共産党は米国の密やかな意思を受けて内戦に勝利し、共産党政権による新中国が成立した。まもなくスターリンが死亡すると、毛沢東は世界革命のリーダーシップをソ連から奪うという野心に燃え始める。国内では反右派闘争、大躍進、文化大革命と、革命の名のもとに同国民が殺し合う動乱の時代に突入していた。

毛沢東の革命の輸出は戦前から開始されていたが、新中国成立後、ソ連との対立が深まると、その方針は国内経済や社会の立て直しよりもずっと優先された。

このあたりの歴史と分析は、共産党史研究で知られる程映虹《チエンインホン》・米デラウェア州立大学教授の論文がよくまとまっているので参照している。

たとえば1950年1月18日、建国したてのベトナム民主共和国に対して毛沢東はいち早く国家承認を表明し、同年4月には、20万人の兵士と武器・装備を提供した。

1952年、解放軍上将の韋国清《いこくせい》をベトミンの軍事顧問として派遣。これが1954年のフランス敗退につながったともいわれている。一方、中国の指導でベトナムが行なった農地改革は、毛沢東が行なった延安整風《えんあんせいふう》（1940年代に中共が行なった一種の反対派粛清運動。当時は党の誤った考えを正すものと肯定的に受けとられた）と土地改革の再現ともいうべき無残なものだった。収監、拷問を伴う思想改造、地主、富農の虐殺、人民裁判による冤罪処刑、それに伴い起こる飢饉《ききん》と農民一揆に対する武力鎮圧が行なわれた。この農民の疲弊と憎悪の矛先《ほこさき》は資本主義に誘導されていく。

1962年、毛沢東は数千万人の餓死者、不正常死者を出した大躍進の失敗の責任追及回避のために、軍部コネクションを利用してベトナム戦争に積極介入していく。１９６３年に羅瑞卿《らずいけい》と林彪《りんぴょう》をベトナムに派遣し、ホー・チ・ミンに、戦費を請け負うのでベトナム戦争を存分に戦うように指示した。だから中国がベトナム戦争をけしかけた、という見方もできる。１９７８年までに中国共産党がベトナムに投じた支援金は２００億ドル以上、１９６５年当時の中国のＧＤＰは７０４億元（当時のレートでは２８６億ドル）である。中国人民が疲弊し、貧困に苦しむなかでこれほどの巨額を拠出していたのである。これは対ベトナムだけでなく、対カンボジア、対ラオス、対マレーシア、その他、ラテンアメリカ、アフリカ各地と程度の差はあれど、同様のことをしてきたのだ。この「革命の輸出」は、鄧小平が正式に打ち切りを表明する１９８０年まで続いたのだった。

◆ポル・ポトは毛沢東の落とし子

周徳高に再び話を戻したい。

周徳高のような特務員、秘密工作員が当時、カンボジアにどのくらいいたのか。周徳高は１０００人以上はいた、と言う。そのなかにはベトナムで秘密工作に従事したあと、カンボジアに転戦してきたメンバーも多かった。こうした工作が簡単に浸透しやすかったのは、当時のカンボジアの政治中枢のほとんどが華人であったからだ。

具体的にはポル・ポト、イエン・サリ、ソン・セン、ソー・ピム、キュー・サムファン、ヌオン・チアといったクメール・ルージュの主要人物は、だいたい福建人か広東人の血が入っていた。こうした主要人物の生い立ちと家族構成については、中国共産党の档案《タンアン》（公文書）がおそらく一番詳しいかもしれない。特にクメール・ルージュの中核人物の背景は、かなりあとになるまで謎に包まれていたが、中調部は周徳高はじめ華僑ネットワークを通じた特務、秘密工作員、秘密連絡員のあげるリポートによって、早期に彼らの人物像を把握していた。

ポル・ポトが実は、シソワット・モニボンの愛妾《あいしょう》の一人のいとこである、という話はかなりあとになって明らかにされるのだが、そのいとこに預けられて暮らしていたポル・ポト（本名、サロット・サル）が15歳の頃、シソワットからズボンのなかに手を入れられるなどの「いたずら」（性的虐待）を受けていた、といったエピソードは、周徳高の本で私は初めて知った。

周徳高が中調部の指示を受けて主体的に行なった工作をいくつかあげてみる。

1963年春の劉少奇夫妻のカンボジア訪問のとき、国民党スパイによる暗殺計画の情報をいち早くキャッチし、その暗殺を未然に防いだ件に直接関与している。親国民党社団に潜入していた僑党特務員がつかんだ情報で、劉少奇夫妻を乗せた車列が空港からプノンペン市内までの移動中に、国民党のカンボジア潜入スパイの張達昌《ちょうたつしょう》によって爆破される暗殺計画があるという。中国大使館の一等書記官・毛欣禹《もうきんう》の指示で、周徳高ら3人の敏腕特務がこの暗殺計画を秘密裡《り》に阻止するよう指令を受けた。彼は記者の身分で王宮や軍に入り、取材を装いながら国民党スパイの張達昌の人定を行ない、同時に爆弾の隠し場所を特定するという困難な任務をやり遂げた。

記憶力が自慢の周徳高は、のちのちまで張達昌の乗ったドイツ車の色やナンバープレートの番号（23786）などを鮮明に記憶しており、古いモーターバイクで、その車を信号も無視して追いかけたカーチェイス（そのときは一度巻かれた）の逸話などからは、当時の特務の若き情熱と党への忠誠を垣間《かいま》見ることができる。彼がいなければ、劉少奇は暗殺され、中共史は大きく（良くも悪くも）変化したかもしれない。

もう一つのエピソードは、米国と結託したロン・ノル将軍のクーデター計画を事前にキャッチした中調部から、このクーデター対応の事前工作を個人の責任で行なうように指示を受けたことだ。ロン・ノル将軍のクーデター計画を知った中国は、ポル・ポトに革命を起こさせる準備を進め、同時に周徳高に現地での対応を任せた。方法は周徳高に一任されることになった。

1969年12月、周徳高は、大使館経由で北京に召集された。目的は知らされず、記者の身分の中国パスポートで香港まで行き、陸路で深圳《しんせん》を経由して広州《こうしゅう》へ、広州からはプロペラ機で北京に向かうよう指示された。のちに（1977年）、周徳高を呼び寄せたのは毛沢東の片腕として文革初期の大量粛清に関わった「中国のベリヤ」のあだ名もある康生《こうせい》だったと判明するが、このときはどこからの指示でどう動いているか特務員本人たちにはまったく知らされていなかった。華僑飯店に二日逗留したのち、「蔡《さい》所長」と名乗る人物が車で迎えに来て、北京のとある胡同《フートン》（北京市内の細い路地）の住宅に連れていかれ、任務を伝えられた。「米国はもうすぐロン・ノルと（シソワット・）シリク・マタクに政変を起こさせ、シハヌーク政権を転覆させる。君にはそれに向けて対応を願いたい」「君のように経験を積んでいれば、独自で事変に対応し、工作を展開する能力があるだろう」……ルールは三つ。周徳高自身は戦闘に参与しないこと。できるだけ敵地に残留し、内情を探り、情報をあげること。危険が迫ればタイに避難し、情勢が落ち着いた段階でカンボジアに戻ること。さらにマカオの連絡人の名前と連絡先を伝え、密書のコピーを預け直接渡すように命じた。さらに「許忠民《きょちゅうみん》」というコードネームが与えられた。もし誰かが「許忠民」という人物を探しているとしたら、それは仲間である、と。そのほか、周徳高がどこにいようと中央の指示を受け取ることができるよう、細かな指示が与えられた。

プノンペンに戻ったあと、周徳高は政変への対応工作を開始する。中国大使館としては米国の政変の陰謀をシハヌークに知らせるよう周徳高に求め、少なくともシハヌークの外遊を阻止すべきだと主張した。今から思えば不可思議なことだと周徳高はのちに述懐する。周恩来とシハヌークは個人的に深い関係がある。政変については周恩来からシハヌークに直接伝えればよいではないか。だが、このときの作戦主導者が周恩来と対立する康生であり、また中共としてもシハヌークの米国への接近情報をキャッチしており、周恩来からストレートに情報をシハヌークに伝えると、その情報を米国に〝売られる〟可能性も考慮したのかもしれない。のちに、シハヌーク政権が右派に転覆させられたほうが、柬共の武力革命が全面展開でき、シハヌークを柬共の盟友にすることができるという読みが中共側にあったことが判明する。

周徳高は昔から交流のあった国家元首弁公庁の主任で、かつてフランスで仏共に参加したことがある柬共党員を通じて、シハヌークに政変計画を知らせようとしたが、主任はあえてこれを知らせなかった。また、シハヌークの息子の妻の親戚であるプノンペン市長を通じて、シハヌークの耳にこの情報を入れようとした。だがシハヌークはその情報を聞いても、信じようとしなかった、と言う。シハヌークは予定どおりフランス外遊に出立し、ロン・ノルによるクーデターは予定どおり起きた。そして中共は万全の準備を整えており、主要な華僑指導者たちは大使館からの事前通知を受けて安全な場所に退避していた。また周徳高は連絡員を通じて20万リエルの活動費を受け取った。ちなみに『棉華日報』記者としての月給が1800リエルだった時代だ。

政変後の展開は、中共が描いた絵のとおりに進んだ。政権の座を追われたシハヌークは北京に逃げ込み、中共の全面的協力で北京に亡命政権「カンプチア王国民族連合政府」の設立が5月5日発表される。シハヌークが北京で空港に降り立ったとき、周恩来自らタラップまで出迎え、同じ車で釣魚台《ちょうぎょだい》迎賓館に向かったという。

このとき、ポル・ポトは北京にいた。1970年1月から4月頭までずっと北京にいたのだった。亡命政府設立の際、ポル・ポトの名前は出てこないが、毛沢東は1960年代からカンボジアの革命指導者をポル・ポトと内定していた。

これは、東南アジア華僑の問題に詳しい樋泉《ひいずみ》克夫・愛知県立大学名誉教授からうかがった話なのだが、ポル・ポトはカンボジアの共産主義革命の根本的動機をベトナムへの歴史的従属からの解放だと考えていたという。クメール・ルージュが毛沢東の大躍進そっくりの手法で、都市民を階級の敵として粛清するのは、都市民が憎いからではなく、都市の富を独占している越僑を粛清したいからだった、という。それほどまでに、カンボジアにとってのベトナムの呪縛には恨み骨髄の歴史的背景がある、ということだ。また、カンボジア共産主義運動はベトナムが起源だ。柬共をベトナムの影響力から解放し、独自のカンボジア革命、クメール・ルージュの革命を行ないたかった。それが76年以降のS‐21でみられる過激な幹部粛清の動機だった。毛沢東はそのポル・ポトのベトナムへの憎しみをよく理解していた。それは中国の革命がソ連に起源があり、コミンテルンの指導によるものと評価されることへの毛沢東自身の強烈な苛立ち、コンプレックスと似通ったところがあるからかもしれない。中共が資金や兵士を大量に提供していたベトナム戦争だが、越共は中共の影響力を嫌い、ソ連に接近していた。毛沢東とポル・ポトは利害も信条も一致した。

だが、ポル・ポトの構想する革命を実践すれば、犠牲はベトナム人だけでなく、膨大な華人にもおよぶ。その予測を聞いたとき、毛沢東は「それもやむなし」と容認した、と樋泉教授は言われたが、時間の関係でその根拠となる史料はまだ探しあてられていない。シハヌーク政権全盛時代には70万人いた華人・華僑は、ポル・ポト政権時代の粛清によって20万人にまで減った。毛沢東はその悲惨な華人・華僑の末路を予見し、それを防ごうともせず、ポル・ポトの好きなようにさせたのだった。

少し話がそれるが、個人的にアジアン・ドキュメンタリーのなかで出色《しゅっしょく》の作の一つだと思っている『消えた画──クメール・ルージュの真実』（リティ・パニュ監督、２０１３年）のなかに、文革末期の主導者「四人組」メンバーの張春橋《ちょうしゅんきょう》と、おそらく当時、党中央対外連絡部長の耿飈《こうひょう》がカンボジアを訪れ、ポル・ポトが実に嬉しそうに彼らと抱擁している記録映像が挟まれている。このドキュメンタリーは、クメール・ルージュ支配下を生き抜いた監督が、手製の泥人形で自らの体験を再現した映像と記録映像によって構成される一風変わったドキュメンタリー映画だが、はっきり言って、シドニー・シャンバーグの原作をもとにしたハリウッド映画『キリング・フィールド』（ローランド・ジョフィ監督、１９８４年）よりはよほど深い。

ちなみにシャンバーグとカンボジア人助手のディス・プランの関係は、二人を知る戦場カメラマン・馬渕直城の著書『わたしが見たポル・ポト』（集英社、２００６年）によれば、とても友情といった麗《うるわ》しいものではないようだ。シャンバーグはプランをさげすみ、人前で罵倒《ばとう》したり蹴ったりするアジア人差別主義者で、カンボジア人に非常に嫌われていた、らしい。馬渕の視点では、クメール・ルージュの数百万の虐殺は、ベトナム側を正義に仕立てるための宣伝工作であり、ベトナム侵攻や米軍の爆撃による死者も、クメール・ルージュのせいにされている、という。カンボジア旅行で、当時のことを覚えている人たちからも、同様の見方を聞いたので、真相はもっと複雑かもしれない。

さて、「消えた画」に出てくる張春橋のワンシーンは、ポル・ポトと張春橋の親密さを十分に印象づけるものだった。

ポル・ポトは1965年11月から中国に3か月滞在しているのだが、このとき、毛沢東の側近であり、毛沢東の重要文書の起草者として毛沢東権威の伝道師ともいえる陳伯達《ちんはくたつ》と張春橋らから、「武力革命」「階級闘争」「プロレタリア階級独裁」などの理論と実践を学んだという。また、中共の支援で1969年当時3000人程度の軍隊だったのが、プノンペンが陥落《かんらく》した1975年には8万人規模の武装兵力に拡大していた。1970年だけで、中共はポル・ポトに対して3万人の兵力を提供した、という（『援越抗美実録』王賢根著、国際文化出版、1990年）。1975年のプノンペン占領後にポル・ポト政権（民主カンプチア）が発表した憲法は、張春橋が事実上、起草したものだった。

このように柬共を育成し、その革命運動を支援したのは中共であり、実践の指揮や指導、指示を行なったのは康生や陳伯達、四人組（江青、張春橋、姚文元《ようぶんげん》、王洪文《おうこうぶん》）の面々だった。米国にひよりそうだったシハヌークを、ロン・ノルのクーデターを利用して北京に引き寄せ、ポル・ポトの武力革命を勝利させたのも、北京にシハヌーク亡命政権をつくり、その命運を握ったのも、すべて中共のシナリオどおりであった。

その実現のために身を粉にして働き、中共の理想を信じて忠誠を尽くしたのはカンボジア華人、そしてベトナム華人らが形成した僑党、華運であった。だが、中共はその華人たちをも見捨てるのである。

◆見捨てられた華人

1971年以降、中共の軍事的物資的、戦術的実践的支援を受けて、柬共ポル・ポト派のクメール・ルージュは「解放区」を拡大していく。その解放区で周徳高ら特務グループ「華運」は「華聯会《かれんかい》」と呼ばれる、カンボジア共産革命を支援する華僑同胞組織をつくっていった。『華聯報』といった新聞が発行され、カンボジア華僑・華人同胞の革命参加が呼びかけられた。学校を通じて華僑・華人子弟の若者を「はだしの医者」（無免許医師の通称）チームに組織し、農村に派遣したりもした。

だが、こうした華僑・華人の革命参加に、クメール・ルージュ側は干渉されていると、不快感を募《つの》らせていく。そこで、わざと華人たちをより過酷で辺鄙《へんぴ》な農村に追い込み自滅させようとするような一種の排斥《はいせき》が起きてきた。1972年、そのような華人の苦境を中共は見捨てる。突然、華運組織の解散を命じたのだった。解散したあとは、クメール・ルージュに合流せよ、柬共党員として革命に従事せよ、というわけだ。

だが解放区での華僑・華人迫害はすでに始まっていた。解放区のクメール人民兵たちは、都市からきて偉そうに指導する華聯会の華僑・華人たちを憎んでいた。また華運に参加する華僑・華人にはベトナム系もたくさんいた。ベトナムでの革命に参加したのちカンボジアの指導のために転戦してきた人たちだ。クメール人のベトナム人への憎しみは歴史的に根深いものだ。都市の富を独占的に享受している越僑《えっきょう》への恨みと嫉妬《しっと》に華人への反発が加わり、ベトナム系華僑は二重の意味で憎まれた。

おりしも、米ニクソン大統領が中国を訪問し、米中融和の空気が流れ出した年だった。毛沢東主義に忠実なクメール・ルージュにすれば、中共はすでに「修正主義」であり、華運への風当たりがさらに強くなっていた。

そんなタイミングで「解放区」では、「華運」解散によって中共の後ろ盾を失った華人への迫害が一気に加速する可能性があった。華人たちはジャングルの解放区の農村から、自力で脱出するか、そこで耐え忍ぶしかない。華人のほとんどが都市から来た人間で、過酷な農村生活で生き残れるかもわからない。二人の同志がこの事態を打開しようと、華運を代表して北京に赴《おもむ》くことになった。中共に忠誠を尽くして、カンボジアで働いてきた華人たちへの救済を陳情するために、米軍のB‐52が爆弾の雨を降らすホー・チ・ミン・ルートを経由して徒歩で北京までを往復した。

およそ1年かけてカンボジアの華人仲間たちのところに持ち帰った北京の決定は冷酷なものだった。「中国共産党とカンボジア共産党はすでに協議して、カンボジアの華運組織をすべてカンボジア共産党に移譲することを決定した」。その同志はのちに、周徳高にこう言った。「中共中央指導部に、柬共は絶対にわれわれ華運を受け入れないだろう、と伝えた。だから、任務が終わったあとは、華運メンバー全員を中国に呼び戻してほしい、と。しかし中共は完全に無視した」

ある中共中央指導部官僚はこう言ったそうだ。「マルクス・レーニンの学習レベルが低い。物事の発展規律がわかっていない」「物事は常に発展し、留まることはない。きょう、柬共があなた方を受け入れないなら、耐えて忍びたまえ。明日には受け入れられるかもしれない。革命の門はいつも開かれている。あまり硬直した考えで彼らを見るべきではない」「これは毛沢東主席の偉大なる戦略的布陣なのだ。あなた方は従うしかない。違反はできない」……。

1973年下半期、このことを周徳高はヌオン・チア（当時のクメール・ルージュ・ナンバー2、解放軍最高司令）に人を介して報告すると、ヌオン・チアからの伝言は以下のようなものだった。「すでに中共に照会した。……あなた方同志のなかで身分（特務員であること）を暴露している者は多いのか？」これに対し、「暴露していない者が多い」と答えると、ヌオン・チアは対応を検討する、とした。

こうして華人特務員たちの運命は、中共の手からいとも簡単に柬共の手に、まるで古びた道具のように譲られたのだった。

1972年当時、解放区には華運の同志たちが1000人ほどいた。彼らはいったん、カンボジア東部のメコン川沿いのクラチエ近くに集結していた。ベトナム国境でベトナムに潜入中の同志から、500リエルの入った袋を受けた。これで農具を買い、生き抜け、というとこだった。幸いなことに、華運メンバーはクメール・ルージュの人民公社に組み入れられず、自給自足を強《し》いられただけだった。1975年にはプノンペンがクメール・ルージュに占領され、都市民全員が過酷な強制移住、強制労働に従事させられ、都市民華僑・華人の3分の2以上が死亡したことを思えば、華運の受けた仕打ちは結果的には幸運なほうであったかもしれない。1973年の段階で、華運同志の数は788人で、それから1979年のクメール・ルージュの革命が完全に失敗に終わったときまでに死亡が確認されたのは、〝わずか〟100人余りで済んだのだから。

周徳高は、20人ほどの華運同志とともに、メコン川沿いに新しくつくられた村に配置された。人民公社に組み入れられなかった彼らは、生きるために必死でジャングルを切り開き農業を行なった。だが、しばらくすると、人民公社に頼っていたカンボジア新人民、旧人民たちは、飢饉で地獄のような苦しみに陥《おちい》った。周徳高は、都市から送り込まれた新人民の30人の若い女性たちが、旧人民の地元農民に犯された末（それがオンカー＝組織のルールに背《そむ》くため、証拠隠滅のために）、鋤《すき》で頭をかち割られて川に捨てられているのを目の当たりにした。また、新人民の元女教師が都市民的なぜいたく品であるブラジャーとパンティーを持ってきて、当時人民公社外にいたため飢饉を免《まぬが》れていた周徳高に、わずかな食糧とヤミで交換してほしいと、密かに懇願に訪れたこともあった。周徳高は、ばれたら全員処刑なので、ブラジャーは受け取らず、食べ物だけをこっそり分けたという。

こうした地獄を見ながらなんとか生き抜いていた周徳高は、1977年、突然、北京の中調部から、カンボジア共産革命の勝利報告にあがってこいという命令を受けるのだった。

◆クメール・ルージュの最期も中共の手の内だった

周徳高は1977年4月、一家そろって北京に赴いた。空港に降り立ったとき、迎えに来たのは中調部の王濤《おうとう》所長だったが、報告は外交部の6人の官僚に対して行なった。その外交官のなかにはやはり中調部の人間もまじっていたようだ。報告は柬共に対し、かなり辛辣《しんらつ》で批判的な口調であったが、周徳高は解放区で見た柬共の残虐さ、華運への仕打ちに対して強い不満と無念を抱えており、その本音を隠すこともできなかった。周徳高は、中共が国内で延安整風、右派闘争、大躍進、文革と、ポル・ポト同様の残虐行為を同胞に対してやっていたことをほとんど知らなかったのだ。女性官僚の一人に対し「柬共は非常に残酷です。どうか同志たちを中国国内に呼び戻し、助けてください」と訴えた。だが彼女は「それは難しい。……彼ら（華運）は考えが浅い。新疆《しんきょう》に行け、と言われれば新疆に行くしかないのです」と〝どうしようもない〟という顔をしただけだった。周徳高は、そのときようやく中共のために命をかけた華運の犠牲について、彼らが何の関心もなく、痛《つう》痒《よう》も感じていないことに気づいた。

さらに中共中央が、周徳高自身に対して不信感を持っていることにも気づき始めた。1977年4月当時、すでに毛沢東が死に、四人組が逮捕されており、中共中央は大きい時代の変わり目のなかにあり、官僚たちはどこに政治的立場を求めるべきかわからず不安定であった。

周徳高は外交部への報告のあとに、かつての上司でもあった中調部の蔡所長に会い、自分の受けた任務の指揮系統が、文革の途中で粛清された康生であり、クメール・ルージュに肩入れしていたのが、すでに逮捕されている四人組であることを知った。カンボジアの華運組織は「康生分子」「四人組分子」とみなされ、蔡所長も権力を失っている、ということだった。だが、周徳高にしてみれば、自分がどんな派閥に属しているかなど知る由《よし》もない。ただ毛沢東に忠誠を誓い、中共に忠誠を誓っていただけのカンボジア華人特務員なのだ。

この北京逗留中、周徳高は要請を受けて、長文のカンボジア情勢に関するリポートを書き、中調部に提出した。周徳高は柬共の残虐さに絶望し、中共にはまだ甘い理想を抱いていたし、また中共と越共の対立の根深さもなんら理解していなかった。このため自分の願望、つまり中共に柬共（クメール・ルージュ）の誤った道を正してほしいと思う気持ちと、身の危険にさらされている華運の同志たちを助けてほしいという思いを込めて、柬共の問題点、特に指導者間の対立構造とソー・ピム（東部地区管轄《かんかつ》軍司令）の抗仏戦時代の戦友が越共におり、コネクションを維持していること、ポル・ポトに強い不満を抱えていることなどを詳細に書いた。メコン川沿いの村に長くいた周徳高はソー・ピムとも交流があった。

報告書は1977年6月に提出された。この報告書は中調部ハイレベルの強い関心を引いたが、ポスト毛沢東の時代に入った中共の周徳高への警戒心を強めることにもなった。「北京の冬は寒いだろうから、やはり暖かい海外で任務についてもらおう。新たな指示があるまで広州で待つように。先に香港に立ち寄るといい」と中調部の指示が出た。

この指示に従って移動する直前、周徳高が北京に到着したときに空港に迎えに来た王濤所長が、ポロリと漏らした。「私も君のリポートを読んだが、君は本当に反柬共なんだな」。この言葉のニュアンスに、周徳高はようやく、外交部、中調部とも親東共路線を継続するつもりで、自分に対して不信感を抱くようになったのではないか、と怖くなったのだった。

その読みは半分当たっており、中共はポル・ポトにまだ利用価値あり、と考えていた。周徳高は、ソー・ピムの粛清は、この報告書をもとに、中共がポル・ポトに指示したのではないか、と疑っている。周徳高が報告書を出した直後、中共はソー・ピムを北京に呼び寄せ、尋問をしたという。その後、カンボジアに帰国直後に粛清（自殺）されたのだった。ソー・ピム配下の東部地区軍数十万兵を含む地域住民は、「頭はベトナム、体はクメール」として大粛清された。1978年夏のことである。

このクメール・ルージュの内ゲバ的内部大粛清による弱体化は、最終的にベトナムの出兵を誘発し、クメール・ルージュ自体の瓦解《がかい》につながった。中共がこのクメール・ルージュの内ゲバ誘発に関わったかどうかはともかく、少なくとも、かなり緻密な内部の人間関係やポル・ポト政権内部とカンボジア社会の惨状を周徳高のリポートから把握していたことは確かで、クメール・ルージュの瓦解とポスト・ポル・ポトのカンボジア情勢を、鄧小平ならばある程度予想していた可能性は高い。とすれば、東共（クメール・ルージュ）

の最期もやはり中共の手の内にあったといえるかもしれない。

周徳高はこのあと、広州にしばらく滞在したのち、かつて革命の志をともにした華僑同志の経営する旅行社に頼み香港居留許可を得て、香港に移ってから離党届を出した。つくづく共産党に絶望したのだった。香港でかつての人脈などを駆使して貿易会社をなんとか始めたが、1979年夏になると、中調部の影が、再び周徳高の周りにちらつくようになる。

この年の2月、鄧小平は、ベトナムのプノンペン侵攻の懲罰《ちょうばつ》と称して中越戦争を起こすが、返り討ちにあって早々に撤退。カンボジアでそれまで生き抜いていた華運同志の大部分はカンボジアの難民キャンプに収容されていた。数十年にわたるインドシナへの中共の革命輸出は完全に失敗に終わった。この屈辱の内幕を知る周徳高を中共は自由にしてくれるわけがなかった。周徳高は再びカンボジアに特務員として潜入するよう要請されたのだった。

これを拒否すると、自分や家族が命の危険を感じるような暗黙の脅《おど》しを受けた。周徳高は命を守るため、膨大な機密の記憶を抱えたまま、米国に密航し、逃亡したのだった。彼の抱えた秘密は、公立学校の掃除夫をしていた周徳高と、在米華人歴史学者の朱学淵が偶然出会い、そのオーラル・ヒストリーを香港の出版社から2007年に出版するまで誰も知ることがなかった。

周徳高は「私たち華僑は中共にとって、将棋の駒のようなものにすぎなかった」とその運命を振り返ったのだった。

◆カンボジア、ベトナムだけではない東南アジアへの中共革命輸出

ここまで、主に周徳高という一人のカンボジア華人特務のオーラル・ヒストリーを通じて、毛沢東・中共がカンボジアの運命をいかに翻弄したかを簡単に紹介したが、同じような物語が東南アジア諸国の数だけ、アフリカ諸国の数だけ、ラテンアメリカ諸国の数だけ、あるいはそれらの国の華僑・華人特務員の数だけあると考えてほしい。

こうした中共革命、特に1960〜70年代の亜非拉《ヤフェイラ》（アジア・アフリカ・ラテンアメリカ）への「文革輸出」については、前述した米デラウェア州立大学教授で歴史学者の程映虹が非常に多くの示唆《しさ》に富む論攷《ろんこう》を発表している。

再び彼の論文を参照しつつ、世界への中共革命輸出戦略の本質をざっくりと考えたい。

1965年8月、国防部長の林彪名義で発表された「人民戦争勝利万歳」と題された論

文こそが、中共革命世界輸出戦略の号令といえる。この文章を起草したのは、文革前期のブレーンの一人、王力《おうりき》だ。この文章は、原案起草から確定原稿まで、毛沢東本人が細部まで指示を出しており、60年代初めの「九評ソ共」(『人民日報』上で発表された毛沢東によるソ連共産党批判の一連の文章)後の、もっとも重要な世界革命指導のための文書として位置づけられた。その中身をひと言で言うと、反ファシズム世界戦争勝利を記念し、毛沢東の「武装闘争」「人民戦争」「農村が都市を包囲する」「統一戦線」「党の指導」などのいわゆる「中国革命が勝ち取った成果」に、「帝国主義と一切の反動派は〝張り子のトラ〟である」という論断を加えて、「世界革命」を推進する、系統立った戦略を中共指導で発信する、というものだった。

これは共産主義の理想の実現というよりは、「世界革命ムーブメントが最高潮に達している」という国際情勢と、世界の対立項を見極めた上で、世界革命の指導的地位をソ連から中共政権が奪い、世界の中心となるという、「中華思想」をベースにした中共的プラグマティズムに基づく「国際戦略」と解釈したほうがよいだろう。中国にとっては、世界各国との外交・経済貿易関係だけでなく、こうした「革命輸出」が、「和平共処五項原則」(1954年のインド・ネルー首相との会談で打ち出された国際関係原則。領土主権の相互尊重、相互不可侵、相互内政不干渉、平等互恵、平和共存）とセットで、中共の対外政策の重要部分を構成してきた。

この「人民戦争勝利万歳」論文で印象的なのは次の一文だ。「北米と西ヨーロッパが〝世界の都市〟であるならば、アジア・アフリカ・ラテンアメリカは〝世界の農村〟だ。第二次世界大戦後、北米と西ヨーロッパの資本主義国におけるプロレタリア革命運動は、種々の理由で一時的に延期されたが、アジア・アフリカ・ラテンアメリカの人民革命運動はむしろ盛り上がっている。今日の世界革命は、ある意味では〝農村が都市を包囲する〟状況なのだ」

「革命の〝条件〟は輸出できない。その意味では革命は輸出できない。しかし、帝国主義とその走狗《そうく》に対する闘争において、世界中の革命的な人々が互いに同情し、支持することを妨《さまた》げることはできない。こうした各国の革命に従事する人民に対しわれわれが支援することは、まさに彼らの自力更生の戦いを支援することなのだ」

この一文に込められている意味は、世界革命の機が熟しており、アジア・アフリカ・ラテンアメリカが革命発動の地であり、西側都市をアジア・アフリカ・ラテンアメリカという農村で包囲する手法での世界革命を、中国が主導する道理がある、ということだ。

こういう世界を俯瞰《ふかん》した戦略的思考に基づいて、毛沢東自らは世界の中心になるという野望を持って、アジア、アフリカ、ラテンアメリカに革命輸出を始めるのである。これを実現するために、毛沢東がまずやったのは、外交業務と宣伝工作の壁を取り払うことであった。文革輸出によって、正常な外交業務は困難を極めるのだが、革命輸出のためには、そうした外交業務を犠牲にすることをよしとした。

これ以降、在外大使館が革命輸出の拠点とされた。だがこの在外公館における革命輸出任務については、他の文革資料と違い、いまだ共産党の最高機密に属しており、ほとんど詳細がわかっていない。新華社の記事によれば、１９６６年10月から１９６７年11月までに、25言語版の毛沢東語録４６０万冊が世界１４８か国・地域に輸出されたという。そのほか、映画、ポスター、ビデオ、写真などあらゆる媒体を使い、外交官、ジャーナリスト、国際列車乗務員、船員など、あらゆる人的資源を動員し、各国華僑組織を通じて文革輸出任務を推進した。特にマレーシア、タイ、ミャンマー、カンボジア、ラオス、フィリピン、インドネシア、スリランカ、ペルー、コロンビア、ボリビア、メキシコなどは、中共の指導による共産党組織が反政府暴力闘争を起こしていった。

ところで、中共は文革前から、東南アジアを中心に革命輸出や外国共産党への支援のために多大な努力を払ってきている。宣言以前の革命支援は、実のところ党内の実務派と称され、のちに文革で粛清された劉少奇や鄧小平が仕切っていた。この件について、マラヤ共産党（馬共）の陳平《チンペン》書記長がのちに回顧録『我方的歴史（我らが歴史）』（My Side of History, Media Masters, 2003）で次のように述懐している。

１９６１年に陳平は合法政党の地位と引き換えに武装闘争を放棄しようと決心したが、このとき、鄧小平自らが、陳平を北京に呼び、武装闘争の革命路線を堅持するよう説得した。「東南アジアはこれからベトナムを中心に革命のクライマックスを迎えるので、陳平らも協力しなければならない。中共は全力をあげて支援を約束する」と。この説得に応じる形で、馬共は武装闘争を継続する。さらに陳平が武装闘争に積極的でないとみた鄧小平は、しばらく陳平を北京に留め置き、北京で教育したほかの馬共指導幹部とともに、越共の武装闘争支援の遊撃にあたらせたのだった。その後の馬共の苦難、分裂の歴史はここでは紙幅の都合で触れない。皮肉なことは、１９８０年に鄧小平が再び陳平と会談したときに、中共は国際関係上の戦略転換をするので、馬共も武装闘争を放棄するようにと要請したことだった。１９８０年、鄧小平は「革命輸出」の打ち切りを突如決定、81年には馬共を含む東南アジア共産党ゲリラたちへの支援も打ち切られた。雲南省昆明《こんめい》市郊外にあった東南アジア共産党訓練キャンプおよび中国人教官も撤収、武器と食糧支援も断ち、湖南省《こなん》益陽《えきよう》にあった革命宣伝放送「マラヤ革命の声ラジオ局」も閉鎖された。これにより馬共だけでなく、ミャンマー共産党、タイ共産党らが行く場を失い、ジャングルのなかで凄惨な末路をたどった者もいたという。1989年にようやく馬共の武装闘争は終結するのだ。

このエピソードが示すように、「革命輸出」は、イデオロギーの理想実現のためではなく、中国の国際的地位向上のために行なわれている。文革で修正主義、反革命的と毛沢東から攻撃を受けた実務派の鄧小平も、世界革命に対する考え方は毛沢東とほぼ同様であった。そういう中共政権の野望の論理に翻弄される華僑・華人共産党員の悲哀はいうまでもない。平均的なマラヤ客家《ハッカ》（客家語を母語とする漢族集団。本来は外来移住者に対する呼称。〝よそ者〟といったニュアンスで差別的待遇を受ける一方、反骨心が強く、指導者を多く輩出している）に生まれた陳平は1942年に抗日武装闘争に参加し、1947年に馬共書記長に就任、抗英武装闘争の指揮をとった。自治政府との和平協議を鄧小平の説得により決裂させられたのちは、厳しいゲリラ戦を生き抜き、「幻の軍隊」と称された。馬共が解散した1989年以降、亡命先のタイで暮らし、そのまま故郷マレーシアに戻ることなく2013年、がんで死去する。享年89。彼はマレーシアへの帰郷を望み続けたが、マレーシア政府はこれを拒否し続け、その遺骨ですら入国を拒否した。陳平の遺骨は2019年11月になってようやく有志によって密やかに故郷に帰ることができたという。

◆アフリカとラテンアメリカへの革命輸出

華僑の比較的少ないアフリカと、米国の裏庭のラテンアメリカにおける「革命輸出」についても、簡単に触れておこう。

アフリカにおける中共の「革命輸出」は、アフリカ独立運動と連動し、独立後に誰が権力を握り、どのような発展の道を選ぶのかという予測をもって展開された。もちろん、そこにはアフリカの資源地図も考慮されていたはずだ。

中共の対アフリカ工作はソ連よりも早かったと『アフリカにおける共産主義の挑戦』（イアン・グレイグ著 The Communist Challenge to Africa, 1977）にはある。そこには、1961年に逮捕された6人のカメルーン人が、北京で10週間の軍事訓練や中共革命手法の研修を受けたことが紹介されている。彼らは1959年にフランス領カメルーンで武装闘争を展開するために送り込まれたのだった。このように1960年代は、アフリカ青年革命家たちが北京や南京、ハルピンその他の中国都市で軍事、革命訓練を受けて、祖国のアルジェリア、アンゴラ、モザンビーク、カメルーン、コンゴに派遣され、武装革命を次々起こした時代だった。

ジンバブエ・アフリカ民族同盟のあるメンバーの証言によれば、上海で1年間の訓練を受け、軍事訓練や政治学習のほか、農村大衆の動員ノウハウなども学んだという。オマーンのゲリラも1968年に、北京で軍事訓練を受けたと証言している。パキスタン航空でパキスタン経由で上海に行き、国内線に乗り換えて北京に向かったという。彼は軍事訓練とイデオロギー教育のためのキャンプに参加。政治学習では、中共の教師が、アフリカにおける毛沢東主義拡散の最大の障害はイスラム教の根深い影響である、とイスラム教を批判していたことが印象深かったという。また、授業のほとんどの時間が、毛沢東の著書の講読、『毛沢東語録』の暗唱だった。文革中の中国の状況の参観もあり、学校で教師が「黒幇《ヘイバン》」（直訳すれば「悪人集団」。ここでは、毛沢東が敵とする知識人層を指していると思われる）に対してどうすべきかと学生に聞くと、学生たちは「殺《シャー》、殺、殺」と異口同音に叫んだのを見学したという。このとき、オマーンのゲリラは、黒幇とはどんな人たちか、とアテンドの共産党員に聞いたところ、「労働者や農民を見下してよいと思っている大胆不敵な知識分子だ」と教えられたという。すべての研修を終えるとアラビア語の毛沢東著作が一人ひとりに与えられた。（以上前掲『アフリカにおける共産主義の挑戦』より）

タンザニアへの援助にも触れておこう。1967年、中共は上海紡績工場から大勢の専門家をタンザニアに送り、タンザニア友好紡績工場を設立。この工場を通じて、労働者の思想教育を行なった。中共の指導者たちはタンザニアに到着すると建設現場に五星紅旗《ごせいこうき》を掲げ、毛沢東の銅像を建て、革命歌を流し、『毛沢東語録』を暗唱させ、反政府運動をけしかけた。同様の手法はザンビアやその他のアフリカ諸国でも展開された。タンザニア政府はこういう中共を嫌ったが、中共側はすかさず、タンザニア・ザンビア鉄道の建設計画に調印し、無利子で計4億3２0万ドルの借款《しゃっかん》を与え2万人の中国人労働者を送り込んだ。こうしたチャイナマネーにものを言わせるやり方の前に、アフリカ諸国政府は、中共の革命の輸出を嫌がりながらも、一時的に外交レベルを引き下げ冷却化するだけで、中国人外交官を追い出すようなことはしなかった。

またラテンアメリカも、毛沢東の文革輸出のターゲットだった。1960年代半ばにブラジル、ペルー、ボリビア、コロンビア、チリ、ベネズエラ、エクアドルに、学生や青年による共産党ゲリラ組織が中国の指導によって設立された。なかでも知られたのは、

1967年に設立されたコロンビア人民解放軍と、中国の有名な革命歌劇団「紅色娘子軍《こうしょくじょうしぐん》」を模倣した「マリア・カノ・ユニット」だ。またほぼ同じ頃、ボリビアの毛沢東主義ゲリラ組織がつくられ、ベネズエラでも中共指導の暴力革命が展開されていた。ペルー共産党、通称センデロ・ルミノソのリーダー、アビマエル・グスマンは、1967〜68年に北京で訓練を受け、爆弾や火器の扱いを学び、毛沢東思想に傾倒した。特に「精神は物質に変化する」「正確な路線があれば、持たざる者から持てる者へ、銃を持たざる者から持てる者へ」論に感銘を受けたという。

ただ、ラテンアメリカにおいては、ゲバラ‐カストロ主義が毛沢東主義の拡大の前に立ちはだかった。中国は1960年にキューバと国交を結ぶが、その直後に北京を訪れたキューバ革命の英雄のチェ・ゲバラに周恩来は、大飢饉の最中にもかかわらず6000万ドルの融資を約束した。このとき、周恩来は返済ができなくても構わないと言ったそうだ。だが、その後、フィデル・カストロがソ連寄りになり、中共毛沢東主義とゲバラ‐カストロ主義は対立していく。中共はゲバラを、プチブル冒険主義者、農民と土地の問題も、農村根拠地の重要性もわかっておらず、統一戦線の重要性も理解していない、などと非難を展開し、また在ハバナ中国大使館を通じて、カストロ政権転覆キャンペーンのビラなどを配ったのだった。

何のかの言っても、キューバが中国と対等にわたり合えるのは、キューバ自身が偉大な革命家を生んだから、ということだろう。

◆新たな中共「価値観輸出」の時代にどう抗《あらが》うか

1980年代に入り、鄧小平は東南アジア各国の共産党の武装闘争への支援を停止することを決定した。長きにわたる革命輸出時代がもたらした、中国国内の目をおおう経済社会の惨状を、まず回復させることが、共産党体制維持のために必要だと判断したのだ。

1985年1月、喬石《きょうせき》がミャンマー共産党代表団との会談の際に、そのことをはっきり宣言した。こうして中国は革命輸出国から、西側自由主義社会からの「資本と技術」輸入国に転換したのだった。もっとも、その対価を人民の血と汗で支払うという意味では、中共の人民に対する酷薄さには変わりはないかもしれない。しかし、改革開放のおよそ40年の間、中国人民はしばし、政治動乱を経験しないで済んだ。1989年の天安門《てんあんもん》事件の虐殺の罪を差し引いても、鄧小平の政治家としての選択は毛沢東よりもよほどましだといえよう。

だが、今また、中国のこの一時の安定時代が崩れそうな予感がする。

再び、中国の「革命の輸出」時代が来そうな気がするのだ。「革命の輸出」とは、私は価値観の輸出だと定義し直してみる。かつては中華式マルクス・レーニン・毛沢東主義だったが、今は中華式全体主義的権威主義であり、この価値観を世界に広めよう、と動き始めている。実はそれは共産党のイデオロギーや信念とはあまり関係なく、前述したとおり国際情勢と世界の対立項を見極めた上での、世界の指導的地位を米国から奪い、中共（習近平《しゅうきんぺい》）が世界の中心となるという、「中華思想」に基づく中共的プラグマティズムの「国際戦略」と解釈したほうがよいだろう。

その証左の一つが、２００９年から本格化した「中国の大プロパガンダ」つまり「大外宣（大対外宣伝）」政策の再始動だ。このことについてはくどいようだが拙訳『中国の大プロパガンダ』を参照してほしい。ほかにもクライブ・ハミルトン著『目に見えぬ侵略――中国のオーストラリア支配計画』（飛鳥新社、２０２０年）、ジョン・マンソープ著『パンダの爪』（Claws of the Panda, Cormorant Books, 2019）、サム・マッケニー著『マジック・ウェポン』（Magic Weapons, Univ of Manitoba Pr, 2007）といった、中共のオーストラリアヤカナダ、ニュージーランドでの、華人特務員や華人ロビー活動による対外浸透政策の実態を暴《あば》く著書が、各国で相次いで出版されていることからも、中国が最近、世界の中華化の画策に予算と人員を割いていることがうかがえる。

習近平政権になって打ち出された「中華民族の偉大なる復興」といったスローガンの中身は、中国が世界の中心となる時代を再興する、ということだ。それは毛沢東が世界全体を共産主義に染め、そのリーダーとして（ソ連ではなく）中共が立ち、世界を支配するという、清朝滅亡以来の中華の野望の再来ともいえる。習近平は文革時代に思春期を過ごし、毛沢東に心底傾倒し、自分も毛沢東のようになりたいと願う毛沢東チルドレンの一人だ。

「中華民族の偉大なる復興」とセットになった「一帯一路」戦略、シルクロード経済圏一体化構想も、単純に経済戦略の話ではなく、中国共産党の指導に従う中華秩序、中華ルール、中華式全体主義的価値観の支配地図を仮定したものだとすると、国内の外貨準備が激減し、経済が低迷し、人民が食品物価高に悲鳴をあげている状況にもかかわらず、一帯一路沿線に巨額のインフラ投資を行ない続けていることも、かつての革命輸出時代と同様だとわかるだろう。

そして中国の価値観輸出の影響によって、はるか昔の革命輸出時代の遺産、各国の底辺層にこびりつく毛沢東主義の残滓《ざんし》のような極左運動も、いろいろなところでうごめき始めている。たとえば、自由と民主の国、米国で起きた反人種差別運動の「Black Lives Matter（BLM）」を、テレビ画面の向こうから見れば、まるで文化大革命の「造反有理」ではないか。

米国には1966年に、ブラックパンサー党という、米国有史以来最初のアフリカ系少数民族と労働者の解放戦線組織ができるが、彼らは毛沢東を信望していた。サンフランシスコの中国書店で1冊20セントの『毛沢東語録』を買い、それをカリフォルニア大学キャンパスで1冊1ドルで売り、その金でさらに『毛沢東語録』を買って売る、という資本主義的利潤をあげて、その利潤で銃を買い武装し、武装蜂起を呼びかけたのだった。

ベトナム戦争後に、この組織は消失するのだが、アフロ・アメリカンの民族主義的運動が毛沢東主義にその後も共感を持ち続けていることは、BLM運動発起人の一人のパトリッセ・カラーズが「私はマルクス主義者として訓練を受けたことがあり、我々の目標はトランプを追い出すことだ」と語ったことからもうかがえる。

つまりマルクス主義思想のもと、米国文化と社会に革命を起こすことがBLMの真の目的ということだ。マルクス主義を暴力革命に昇華させたのは、中国の右派闘争や文革である。だから、何清漣ら在米華人学者は、今のＢＬＭ運動と全米で起きている現象を「米国式文革」などと呼ぶのだ。

またＢＬＭとともに暗躍しているという「アンティファ」も、１９３０年代にドイツで台頭した反ファシズム運動だが、これは共産党と社会主義労働党を中心とする、主要都市の産業労働者のナチズムへの抵抗運動から始まった。

毛沢東の反ファシズム統一戦線の骨子は、広域的統一と差別的待遇、必要な闘争による必要な統一、主義と柔軟性、自立と対外援助、愛国心に基づく国際主義、相互に補完し促進する二つの統一戦線、などと抽象的にあげられているが、その核心をひと言で言えば、武装闘争と統一戦線であり、アンティファの運動もこれを踏襲している。

香港で起きている現象は、中華式全体主義の価値観と、西側の自由主義的価値観の衝突による混乱だとみると、よく理解できる。

そして、中共初期の革命輸出の典型例にして最大の犠牲者であるカンボジアは、今、「一帯一路」戦略のなかで、完全に中華秩序に組み入れられつつある。チャイナマネーで開発されたシハヌークビル・リゾート開発地は、カンボジア人よりも中国語を話す中国人、華人のほうが圧倒的に多く、看板も中国語、人民元も流通している。中国人観光客向けのカジノやホテルが乱立し、そこで働く建設作業関係者も、ホテル、飲食従業員も、中国本土からの出稼ぎ者が多い。そこから10キロほど内陸のシハヌークビル経済特区は、同じシハヌークビルにある日本主導の経済特区の15倍の面積で、中国企業160社以上で2万人以上の中国人、華人が働いている。

さらに重要なのは、特区とリゾートからそれぞれ10キロの三角形の頂点にあたるリアム海軍基地だ。中国がこの基地を解放軍海軍基地として30年独占利用する密約をカンボジアと結んでいると、『ウォール・ストリート・ジャーナル』が2019年7月に特ダネとして報じた。カンボジア、中国両政府とも否定しているが、中国の一帯一路戦略において、この地は地政学上の要衝《ようしょう》中の要衝であり、この基地を意識して開発を進めていることは一目瞭然だ。

この中国開発トライアングルの真ん中に国際空港があり、この地域一帯が、中国の秩序、ルールで支配され、警察ですら中国公安が事実上の執法行為を行なったりするのだ。

カンボジアはこれまで、一般商店でもリエルより少額ドルが流通していたが、中国の指示で目下、米ドル脱却をはかっている。建前は法定通貨リエルの復権とブロックチェーンを使った仮想通貨決済の普及が目的だが、中国はカンボジア経済からドルと米国の影響を追い出し、来たる米中新冷戦の先鋭化の先に到来するであろう、ブロック経済化において、カンボジアを含め東南アジアを中華圏に組み入れる心づもりだ。

こうした中国の全体主義的価値観輸出の先兵となっているのが、やはり各地に散らばる華僑、華人たちなのだ。かつて中共に翻弄された華僑、華人たちは、またもや中共に騙《だま》され利用されてしまうのか。40年もたてば、中共全体主義の恐ろしさなど忘却してしまうのか。あるいは改革開放後に留学し、移住した新華僑・新華人たちは、革命輸出時代の東南アジア華僑・華人の報われなかった苦渋の歴史などまったく知らず、今のGDP世界第二位の偉大なる祖国を誇らしく思うだけなのか。あるいは、巧妙に弱みを握られ、利益供与を餌に誘導されてしまうのか。

大東亜共栄を掲げながら第二次世界大戦で敗戦国となり、その後自由と民主と法治という西側の価値観を当たり前のように自然に受け入れ、その恩恵を享受して安定的に繁栄してきた日本としては、これまでのカンボジアの運命、そして東南アジア諸国の運命を思い、今後の行く先を憂《うれ》うことはないのだろうか。こうした国々を再び中共の手にゆだねたままに、座視していていいものか、と改めて広く問いたい。

第三章　国際関係編
中国化するカンボジアの行方

参考文献

『我与中共和柬共』 朱学渊撰写、周徳高筆述、香港・田園書屋、2007年
「以革命名義——紅色高棉大屠殺研究」 程映虹著、1999年
http://www.cuhk.edu.hk/ics/21c/media/articles/c053-199904031.pdf
「中共情報人員筆下的紅色高棉」 程映虹著、2020年
https://5455.org/history/118111.html
「向世界輸出革命——“文革”在亜非拉的影響初探」程映虹著、2006年
https://www.modernchinastudies.org/cn/issues/past-issues/93-mcs-2006-issue-3/972-2012-01-05-15-35-10.html
『毛沢東主義的興亡——中国“革命”与紅高棉“革命”的歴史』 宋征著、美国・陽光出版社、2013年
「文化大革命の暴力——何が明らかになり、何が明らかになっていないのか」 谷川真一著、2017年、静岡大学学術リポジトリ
http://doi.org/10.14945/00010096
『我方的歴史』 陳平著、My side of History 中国語版 2004年
『援越抗美実録』 王賢根著、国際文化出版、1990年
「革命的真相——二十世紀中国紀事」 陳憲輝著、2014年
https://www.bannedbook.net/forum2/topic6605.html
『逐浪湄河——紅色高棉実録』 鉄戈著、香港、明報出版社、2006年
『最初に父が殺された——飢餓と虐殺の恐怖を越えて』
ルオン・ウン著、小林千枝子訳、無名舎、2000年
『東南アジアにおける中国のイメージと影響力』
松本三郎・川本邦衛編著、大修館書店、1991年
『華人の歴史』 リン・パン著、片柳和子訳、みすず書房、1995年
『ブラザー・エネミー——サイゴン陥落後のインドシナ』
ナヤン・チャンダ著、友田錫・滝上広水訳、めこん、1999年
『わたしが見たポル・ポト——キリングフィールズを駆けぬけた青春』 馬渕直城著、集英社、2006年

『「悪魔祓い」の戦後史——進歩的文化人の言論と責任』
稲垣武著、文春文庫、1997年
『共産主義黒書〈アジア篇〉』 ステファヌ・クルトワ、ジャン=ルイ・マルゴラン著、髙橋武智訳、ちくま学芸文庫、2017年
『わかりやすいベトナム戦争——アメリカを揺るがせた15年戦争の全貌 新装版』 三野正洋著、光人社NF文庫、2019年
『アフリカにおける共産主義の挑戦』(イアン・グレイグ著 The Communist Challenge to Africa, 1977)
映画『消えた画——クメール・ルージュの真実』 リティ・パニュ監督、カンボジア・フランス、2013年

第四章

鼎談《ていだん》編

中共の暴虐とインドシナの命運

★カンボジアで印象的だったこと

宮脇：2019年12月に、三人一緒にカンボジアに行くことができて、本当によかったですよね。それでは、読者にカンボジアについて親しみを感じてもらえるように、現地に行った私たちの感想を、順番にお話ししましょう。

福島：私が一番強烈だったのは、ご飯ですね。カンボジアの食べ物がこんなにおいしいとは思わなかった。

カンボジアというのはとっても田舎だと思っていた。タイ料理のほうが上だと思っていたのですが、私たちが特別いいところに行ったというのもあると思うのですけど、カンボジア料理もフランスの香りがしましたし、庶民がドライブインなどで朝ご飯に食べる麺のクイティオですら、おいしかった。そのおいしさが、日本人好みなんです。やはり、魚文化かなと。魚醬《ぎょしょう》もおいしいですし。バナナの葉で包んだお魚のココナッツミルク煮のアモックなど、食べる物はすべて、何でもおいしかったというのに尽きます。

つまり、食べ物がおいしいというのは、基本的には文化レベルが高い。しかも、庶民の食べ物がおいしいというのは、庶民の文化レベルが高いということです。貧富の差はある

とは思うのですけど、やはり豊かな国だという印象を持ちました。もともと、フランスの統治下では「東洋の真珠」と呼ばれていて、当時、東南アジアのなかではもっとも洗練された都市であったプノンペンが、今は、タイのバンコクや、ベトナムのハノイなどに比べると観光地としても、一段魅力が下だし、田舎というか、全然開発されていないイメージがあるのだけれども、素地としては昔の上海のような、洗練された都市文化がもともとあった。そういう文化の記憶というのは、都市のハード部分が破壊されても、残るものなんだな、と思いました。それが、私の第一印象です。

カンボジアの観光地としての潜在力は、とても高い。ですから、これを中国の好きにさせてはいけないですね。

私の担当した第三章でも触れていますけれども、カンボジアは、もはや中国の植民地です。今回の新型コロナ肺炎のことについても、台湾のことについても、カンボジアのフンセン首相はオウムのように、中共の言うことを、繰り返しているわけです。これは、チャイナマネーの誘惑に負けているというだけでなく、カンボジアの政治家たちが中共に精神的に凌辱《りょうじょく》されているような感じだなと思いました。もし日本がもっとカンボジアの開発に積極的に関わっていたら、今のタイやベトナムをしのぐ、魅力的な文化都市、観光地になっただろうと思うと、悔しくてしかたがない。

カンボジアというのは、海に接しているのはほんの少しだけなので、あまり重要視されていないようですけれども、シハヌークビルなどは東南アジアにおける要衝《ようしょう》の地です。

今回は訪れませんでしたけれど。

食べ物がおいしくて、レベルの高い市民がいて、都市文化がある。暑いことはかなり暑いのですけれども、魅力的な国です。なので、あまり中国化してほしくない。しかも、カンボジアを中国に押さえられると、日本にとっても、東南アジアの国際政治的パワーバランス上、あまり望ましくない。地政的に意外な影響力があるのです。日本はカンボジアをもっと重視しなくては、と改めて感じました。

宮脇：だから、1992年に、日本のPKO（国際連合平和維持活動）も初めてカンボジアに行ったのですけどね。日本人はいまいちその重要性がわかっていない。

福島：日本の関係者も、あそこで命を落としているわけですから。だから、もっと日本の足跡というか、影響力が残っていると思っていたのですが、もう、完全に中国に上塗りされていて、プノンペンを含めて、町の至るところが、チャイニーズの影響下にある。

宮脇：一応、イオンが進出して、大きなスーパーマーケットをいくつも経営していましたけどね。

福島：イオンはありましたけど、ホテルとかカジノとかは完全に中国人仕様でしたね。中国大使館のある通りが「毛沢東通り」って、通称じゃなくて正式名なんですよ！　日本人の政治家の名前ではかなり郊外に、「オブチ通り」というのがあるそうです。日本の援助で整備された国道だそうです。

江崎：私が担当した第二章の後編で書いているのですが、かつて吉田茂総理の側近であった緒方竹虎副総理や岸信介総理らは、大東亜共栄圏の継続ということで、カンボジア、タ

プノンペンのソティアロス通りにある「イオンモール」。

イなどとの経済協力構想を持っていて、経済発展に協力しようと思っていたわけです。ところが、緒方竹虎が亡くなってしまい、シハヌーク殿下ご自身が、日本による経済協力を拒んだ。1953年の独立後、シハヌーク殿下は社会主義政策を採用して、独裁体制を敷いた。このとき、アメリカから援助をもらっているのですが、このときのアメリカのやり方が下手くそなんですよね。

宮脇：アメリカが、「王様だったら、政治をしないで、立憲君主のように担がれるだけにしろ」と言ったので、シハヌークがへそを曲げたということでしょ。それで、親米派を処刑して歩いた。最低ですね。

江崎：カンボジアは王国として独立するのですが、シハヌーク殿下ご自身は独立を果たした翌々年、１９５５年に国王の座を父親に譲り自らは総理大臣になって、政治の実権を握って事実上の一党独裁体制を敷こうとした。しかもその後、アメリカと国交を断絶し、ソ連や中国共産党政権に接近しようとしたわけで、ロン・ノルら親米派たちにクーデターを起こされてしまう。カンボジアの民主主義勢力からすれば、クーデターをせざるを得ない状況であったことはわかりますが、シハヌーク政権側もクーデターを起こした側もどちらも強権的かつ汚職体質で、これはもうぐちゃぐちゃですよね。言い方はよくないのですが、カンボジアの政治模様を見ていると、日本でいえば居丈高《いたけだか》な金権体質の自民党政治家と、ゴリゴリの共産主義者しかいないみたいな感じ。

福島：かわいそう。それは選択肢がなさすぎる。

江崎：１９５０年代後半から１９７０年代までのカンボジアの政治情勢を見ていると、本当に国民全体をまとめる、まともな政治指導者がどんどん排除されてしまって、極論を唱える政治家ばかりになってしまった。

★意外に発展していたカンボジアの都市部

江崎：ところで、今回、カンボジアに行ってみた感想ですけど、カンボジアといえば、ポル・ポト派による大虐殺、つまり「キリング・フィールド」みたいなものと、「ストリートチルドレン」という、貧しくて、悲惨な国で、発展途上国でというイメージを持っていたのですが、実際に訪れて、少なくとも首都のプノンペンとか、アンコール・ワットのある地方都市のシェムリアップを見ていると、日本の地方都市より発展しています。

宮脇：そうですね。人が多いから。

江崎：人が多くて、とにかく、すごく活気があります。大阪の道頓堀とか、あれに近い雰囲気まであるような。

福島：それに、意外に治安がよかった。

江崎：そうですね。治安もよくて、全体が穏やか。ワシントンDCなどでも少し治安が悪いところへ行くと、すごい目をした人たちがいて、恐怖を感じますよね、パリの北駅とか。

福島：ローマの駅裏とか。あんなのとは違っていました。

江崎：外国の場合はちょっと恐怖を感じるような、そういう地域が都市部にはあるのですが、カンボジアは、ガイドの方がよかったという幸運があったにせよ、そういう恐怖を感じさせるような空気というのが、ほとんどないし、地元のカンボジアの人たち、若い人たちも、夜の遅い時間に平気でみんなでメシを食ったりしていた。

福島：そうそう、暑いから夕方から活動期になるんですよね。

江崎：なおかつ、食べ物も、庶民レベルのところも繊細な味で日本人にも合うし、高級料理は高級料理でレベルが高い。僕ら今どこにいるの？　東京の六本木？　という感じがして、本当に発展しているなと。日本人が思っているような、悲惨なイメージはないですよね。でもそれはやはり都市部だけであって、田舎は圧倒的に田舎ですよね。

福島：田舎はただひたすら道が続いている。パンクしたら遭難する。遭難しかけたものね。プノンペンからアンコール・ワットに向かう道路なのに、ガソリンスタンドもほとんどないし、しかも、舗装も途切れるような道が続く。途中で、エンジンのベルトが切れました。

江崎：修理してもらいたくても修理工場がなかなかないし、大変な思いもしましたけど、総じて、カンボジアは安定してきているし、何より人柄が温和です。攻撃的な空気はほとんど感じなかった。

福島：おそらく、チャイニーズの血が混じっている人たちと、クメールの血が強い人たちだと、性格は相当違う印象を持ちました。たぶん、チャイニーズ系の人はビジネスでガンガンお金を儲けているけれども、クメール系の人というのはあまりガツガツしていないのかもしれない。

江崎：温和な感じですよね。

福島：そんな印象は持ちました。

江崎：だから、獰猛《どうもう》なベトナム人とか、中国人たちにはやられてしまうわけです。

宮脇：私は、今回カンボジアを車で走って、大昔、1970年代末に台湾旅行したのを思い出しました。発展前の雰囲気が残っていて、やはり東南アジアだなと思ったのは、床の高い家が並んでいて、雰囲気として古い時代のものが残っていたというのが嬉しかった。今どき、ちょっとタイムスリップしたような、古い時代に戻れる楽しさと、食事がおいしかったこと、それから、絹の服やらセンスがいい、ステキなのがいっぱいあって。

福島：ステキな服をお買いになりましたよね。

宮脇：紺色の麻のチュニックと、絹の袴《はかま》のような紅色のパンタロンに白のブラウスを買いました。デザインいいですよ。すばらしい。

江崎：僕も絹のシャツを買っておけばよかった。

福島：センスがやはりちょっと「おフランス」かな。洗練されている。

★本邦初のカンボジア史

宮脇：私は、東南アジアはシンガポールと香港しか知らなくて、中央アジアが専門だったので、南はまったく専門外で、何も知らずに飛び込んで、本当に、何だかすごくしっくりきて好きになりました。台湾はとても近しいけれど、東南アジアではないですし。

福島：シンガポールも香港も東南アジアではないですね。

江崎：地理的には東南アジアだけど、文化的には東南アジアではないですから。

宮脇：そうなのね。それで帰ってきてから本気で歴史を調べたのです。

まず初めに驚いたのが、国境線も決まらず陸続きで住んでいるのに、民族の意識がはっきりあるということ。カンボジア人とベトナム人が、人柄まで違うほど、くっきり分かれていることが衝撃でした。

もう一つは、インドシナ半島という名前にあるように、昔はインドのほうがはるかに影響力が強くて、今のベトナムの北方までしかシナではなかったのに、現在は完全に中国が浸透してきているという、歴史の流れみたいなものをしみじみと感じました。

インドシナ半島で暮らすすべての民族が、今では中国になってしまった地域から、順番に南下してきて、全部出そろったのが13世紀。インドシナ半島に、今の民族が定着するのが13世紀だなんて、意外と新しいと思いませんか。ほとんど全員が新しく入ってきた人たちなんですよ。それなのにタイ人にしても、ミャンマー（ビルマ）人にしても、それぞれの文化がはっきり違っているということに、すごく興味が湧《わ》きました。

日本は、20世紀になってから、仏印進駐をして大東亜共栄圏をつくって、ここに大きな足跡を残した。すごく短い間だったけれども、いいこともしたのに、日本人は、東南アジアに対しても日本との関係だけを考えていて、そのことだけにとらわれていると思う。長い歴史を見た場合には、中国という国家こそなかったけれど、華僑・華人が実はものすごく昔から入り込んできていた。だから、インド文明があったところにシナの文化が侵食していって、結局はこういうふうになったのだなあと、歴史的興味を強く感じています。

私の担当した第一章は、新しく勉強して書いたのですけど、戦前からの日本の東洋史研究者の研究を継承しています。日本人は歴史好きなので、東南アジア史を再構築したのはやはり日本人だったと思う。私はこれまで中央アジアしかやってこなかったけれど、今回のカンボジア旅行をきっかけに、東南アジアの歴史をこれまで営々と研究されてきた、東洋史の先輩たちの業績を紹介できたということは本当によかった。自分の東洋史の範囲を広げられたということにとても感謝しています。

江崎：カンボジアの近現代史を、ここまでコンパクトにきちんとまとめたものってないですよね。これだけ、わかりやすく簡潔に要点をまとめてというのが、本当にないから、宮脇先生の第一章は画期的だと思います。宮脇先生によるインドシナ近現代史の概説だけでも読む価値がありますよ。

宮脇：東南アジア概説にもさまざまありますが、いずれもカンボジアはちょっとしか出てこないので、今回は、カンボジアに焦点を当てて整理しました。カンボジアに行く前にいろいろ読んだけど、何もわからなかったものね。これまで、そういうのがなかったわけ。

江崎：宮脇先生がこういうものを書いてくださったので、僕は、部分を書けばよかった。

宮脇：そのために私が最初に歴史概説をして、お二人には思う存分、戦後のどこか、あるいは誰かに焦点を当てて、紹介してほしかった。背景がわかれば、個別の話がわかりやすくなるでしょう。

私たち三人は、専門分野が違って、興味が違って、視点が違って、そして、三人とも切り口が違うから、この本は、それぞれのファンが買ってくれたら3倍売れるかもね。そうしたら、それまで興味のなかった分野も読むことになって、それぞれの読者の世界が広がるだろうところが、この本のすばらしさだなと思っています。違う視点で同じものを見るというのには、大きな意味がある。

福島：カンボジアに興味を持った人が、まず、本屋で選ぶ本になってほしいと思いますね。ガイドブックですら、よくわからなかったでしょう。キリング・フィールドにしても、ポル・ポト史にしても、欧米の視点から、欧米の都合のよいまとめ方をしたものしかなかったわけですが、私たちのこの本は、現地に行ってみて、日本人の頭で考えたとか、日本の歴史も踏まえて考えたというところが、新しくて、意義があると思います。若い人たちが、欧米が言うがままのカンボジア史をそのまま勉強すると、絶対に日本に不都合な話になってしまうんですよね。

江崎：ですから私の第二章では、大東亜共栄圏を実現すべく戦後も独立運動に身を投じた日本兵のことを中心に書きました。

宮脇：日本人が、筋道を立てて、日本から見た世界史を書かなければ、本当のことを書き残さなければ、ウソの通る世界史しか残りませんから。

福島：それぞれの国がそれぞれの正史というか、自分に都合のいい歴史を語っているなかで、日本人だけが妙に謙虚だから、日本から見たカンボジア史というのは必要かなと思いました。それをまさしく、宮脇先生がかなえてくださいました。

宮脇：私は背景の筋道を立てて、次に、お二人が実際の話を書いてくれているので、何方向からも見ることによって立体的になるのがよかったと思います。

★カンボジアは豊かな国だから支配者が浪費した？

宮脇：カンボジアは、インドシナ半島のなかでも、非常に重要な場所にあります。アンコール・ワットとアンコール・トムの遺跡群を見ると、昔はすごかったということがはっきりとわかる。そして実は今でも豊かなのです。食べ物にしても、雨季と乾季の差があるけれども、お米だって、三期作や四期作など、一年に何回でもつくれる。

福島：そのような国で飢餓が起きたというのはすごいことです。

宮脇：昔は、タイとベトナムがカンボジアを切り取ろうとしたし、今は中国とベトナムが併合しようとしているわけでしょう。それは、カンボジアを持っていれば、食うに困らないという、そういう理由なのですね。

江崎：ベトナムとカンボジアの対立が、カンボジア内戦の大きな要因ですからね。

& Coffee
smoothie

福島：カンボジアは今、中国にすごくたくさんお米を輸出している国なのです。２０１９年は前年比35パーセント増です。カンボジアにとって中国は最大のコメ輸出国です。

宮脇：だから、周りの国がオレに寄越せというケンカをする。昔はタイとベトナムが取り合っていた。それはカンボジアが豊かだからです。

福島：逆に、豊かだから散財してしまうというか、一代一代、王様ごとにあんなデカイものを建てなくてもいいじゃない、もったいないとも思ってしまいます。

宮脇：今回、よくわかったのが、アンコール・ワットとアンコール・トムが、誰にも顧《かえり》みられずに森のなかにあったと聞いて、私は、民族が断絶したんだと思い込んでいたら、そうではなくて、祖先のものではあっても、それぞれの王様の精霊を祀《まつ》っているだけだから、子孫が継承しなかった。

福島：あんな立派なものをつくったら、次の世代が活用しようと思うのが普通なのに、ほっぽって、まったく別のところに新しいものをつくるというのは、よほど気前がいいというか、自分の資産管理に関心がない人がやることですよね。

江崎：貧乏ではなかったという側面もあるけど、言い方はよくないのですが、国民第一の政策ではないですよね。

現地で購入したポストカード。仏教僧の朝の托鉢風景。

福島：あれだけ大きなものをつくれば、民は疲弊しますよね。

江崎：「仁徳天皇の民の竈《かまど》」ではないけれど、やはり国を豊かにすることが自分の務めだという日本の皇室と、国民経済よりも自分の精霊を祀ることが大事だと思っているカンボジアの王様とでは、ものの考え方が全然違いますね。

宮脇：ヒンドゥー教と仏教どちらもが、慈悲の心を持っていたというわりには、民を大事にしなかったということ。

福島：慈悲の心を持ったがために滅んだ、という話もありましたね。

宮脇：慈悲の心のせいで優しすぎて滅びたと、現地のカンボジア人から聞いたけど、それは解釈の違いで、我々からすれば、指導者が、最後はシハヌーク前国王の話になるのだけれど、自分のために、権力闘争に富を都合よく使って、そのせいで身を亡ぼしたと。

江崎：それはあると思います。本論で詳しく書きましたが、カンボジアがフランス相手に独立闘争をやって、ようやく1954年にジュネーブ協定で独立を認めてもらうわけですが、達成した途端に、シハヌークは、それまで一緒になって独立闘争をやった民主党とクメール・イサラク（自由クメール）たちに敵対して、自分で政党をつくって、民主党に対して徹底的に選挙干渉して、議会も乗っ取ってしまうわけです。

宮脇：せっかく独立を達成したのだから、国王らしく担がれて、日本のように、権力と権威を分けて、そして権力の調整役に国王が立てば、カンボジアはこんなにひどいことにはならなかったわけです。まだ、タイの国王のほうがマシですね。

江崎：タイの国王のほうが賢いと思うし、シハヌークがやったことというのは、譬《たと》えるなら、日本が占領されて、独立したのち、昭和天皇がそれまで一緒になってやってきた自民党に敵対する政党を自分でつくり、自民党を潰すために選挙干渉を徹底的にやって議会を自分の政党によって支配してしまった、というようなものです。

福島：驚いたのは、シハヌークは「父・国王」みたいな呼ばれ方をして、みなに慕われていると思ったら、知識人には嫌われていて、みんな悪口をさんざん言っていたことです。

宮脇：私たちと話をするような人たちはみんなシハヌークが嫌い。でも国民の8割を占める農民は、何にも知らないから、「国王、国王」とシハヌークに盲従、追従していたと聞いて、なるほどなと思った。

★中国の「一帯一路」に対抗するための東南アジアへの投資

江崎：宮脇先生が今回まとめてくださいましたが、カンボジア、インドシナのことについては体系立った歴史記述がありません。

宮脇：日本の東洋史家は、戦前は、大学を卒業したら、たとえば東南アジアに赴任して、すぐに南方司政官のような偉い役人になれた。先進諸国で外国のことを勉強するのは、どこでもみんな植民地経営のためだったんです。だから、日本が進出していく土地すべてについて研究が進んだのですけど、戦後は、東洋史のせいで大東亜戦争を起こしたといわれて、叩かれて、みんな委縮してしまった。満蒙はもともとシナじゃなかった、と東洋史家が言ったせいで、満洲《まんしゅう》事変を起こして、結局、原爆を落とされた、とか言われたの。

それで、戦後の東洋史学は、絶対に現代政治には関わらないという人たちばかりになって、しかも大学は左が強くて、現代中国礼賛の人ばかりが残って先生になったという図式です。私が今回参考にして一番よかったのが、インドシナ半島の歴史をお一人で書かれた石井米雄先生の概説書なんだけど、ひと握りの先生以外は、若い研究者たちも現実離れしたままです。

福島：先ほどの、日本も、カンボジアやベトナムやタイに投資をという話なのですが、これから国際社会の枠組みの再構築という時代に入るのだとすれば、そのときの、次の布石になるための投資であり、進出ということなんです。つまり、ビジネスの、お金儲けのためだけではなくて、なぜこの投資をしなければならないかという意味をわかっていないといけない。中国の「一帯一路」というのは間違いなく、そういうことを考えているのだけれども、今の日本のビジネスマンは、たとえば、カンボジアに投資とか、ベトナムに進出などと考えても、失敗しやすいのです。言葉も習慣も違って難しいから。

そのとき仲介役に広西チワン族自治区にいる、チワン系やベトナム系やクメール系の中国人らと組むとうまくいくよというのを、ベトナム在住者に聞いたことがある。あの辺は人種のるつぼで、ベトナム華僑やカンボジア華僑の帰住者などもいっぱいいるわけです。

台湾のビジネスマンなどは、華僑ネットワークを使って、こうした人たちと組むんだ、逆にそういう人たちと組まなければうまくいかないよという話を聞きました。そうなってくると、現地管理職などで働く人間、先兵が、全員中国人ということになってしまう。

これでは、日本がお金を出しても、実は中国が全仕事を請け負っているみたいなことになりかねない。東ティモールに行ったときに、日本のＪＩＣＡ《ジャイカ》（国際協力機構）のプロジェクトなのに、働いているのは中国企業と中国人労働者というような現場を実際にいくつも見たのです。

カンボジアでも実感しました。中国の存在感の強さというのは、本当に脅威。

宮脇：日本のビジネスマンは、中国に乗っかって、儲けようとしか考えていないのですから、今も中国と一緒にやろうとしているでしょう。

福島：２０１８年秋の安倍首相訪中のとき、「一帯一路」支持を打ち出しましたね。「一帯一路」じゃなくて、「第三国における民間経済協力」という言葉に言い換えていましたけれど。結局、日本人は、中国の「一帯一路」に乗っかってしか、東南アジアに投資できないのか、というイメージがある。

宮脇：というか、安倍首相が中国に軟弱なのは、ビジネスマンから圧力を受けて、そう言ってくれ、中国とうまくやってくれということだと思います。

福島：でも、それではダメなのです。「一帯一路」を潰すぐらいの気持ちで進出しないと。投資とかビジネスというのはお金の問題だけではないというのが、中国が今やっていることなのですから。

江崎：実は中国の「一帯一路」に対抗して2019年11月、アメリカが日本とオーストラリアと一緒になって「ブルー・ドット・ネットワーク（BDN）」という、対アジア・インフラ投資の国際組織をつくりました。東南アジアが「一帯一路」で買収されているのに対して、日米豪が対抗しようとしているわけですが、日本では驚くほど関心が薄い。

宮脇：日本の政治家もビジネスマンも、戦後の教育が悪いから、誰もそんな覇気がない。中国に対抗しようなんて怖いことは考えたくもないというような人たちばかりなので、余計なことはしない。お金にしか興味がない。福島さんがいつも書いているように、中国みたいな、あんな専制的な全体主義国家に世界を征服されていいのか、あんなやり方を許すのかと、私たちがどんなに言っても、なかなか危機感が生まれないですよね。

でも、さすがにコロナのおかげで少し流れが変わったと思いませんか。ネットで福島さんをすごく褒《ほ》めている書き手がいて、自分は普通のビジネスマンでリベラルな人間だけど、福島さんの本を読んで、「あんな人権無視の中国をダシに使って、日本の政権を批判しているような場合ではない」と思ったと。

福島：そういう意味では、今後のビジネスとか、東南アジアへの投資のあり方などを考える上でも役に立つ本をつくりたいと思って、こういう話になったのですよね。

江崎：要はインドシナ、東南アジアを、中国が取るのか、日米豪連合が取るのかという戦いになっているわけです。この構図のなかで日本は果たしてインドシナの歴史をきちんと理解しているのか。ベトナムだってカンボジアだって今も共産党政権で、裏では中国共産党とつながっていることを理解しておくべきです。そうしないと、せっかくのインフラ投資が結局、中国共産党に利用されるだけになってしまいますからね。

★華僑・華人はひとくくりにはできない

宮脇：今回、福島さんは、カンボジア生まれで中国共産党に翻弄された、かわいそうな華人工作員のことを書いてくださったでしょ。

福島：両巨匠の間にあって、自分が何を書いたらいいかなと、できるだけ中国語資料にしかないものにしようと考えるとやはり華人史になるのです、華人から見た東南アジア。

華僑というのは中国共産党に従順というよりも、チャンスに従順なんだと思います。今は中国共産党の勢力が強いので、中共に寄り添ったほうがいいという人が多くいますが。ベトナム戦争時代も含めて、すべての時代に、華僑は、ものすごく迫害もされたし、相当殺されたし、そういう意味では、被害者意識の強い人たちですね。

宮脇：上海生まれで、ボルネオを経てロンドンで教育を受けた華人女性が書いた『華人の歴史』（リン・パン著、片柳和子訳、みすず書房、1995年）に、カンボジアは一番、チャイニーズがうまくいった場所だとあった。原書は1990年にアメリカで刊行されているから、ちょっと古い本だけど、カンボジア人と中国人は割合にうまく共生した、これに対して迫害したのがポル・ポトであると言っている。

福島：公式統計というものはないのですが、シハヌーク政権時代に70万人いたカンボジア華人・華僑がポル・ポト政権末期には3分の2以上亡くなって20万人ほどに減っていた、と周徳高のオーラル・ヒストリー（190頁）にもありました。

江崎：華僑は、ロン・ノル政権に協力的だったので、ロン・ノル政権打倒を掲げたポル・ポト派は政権獲得後、華僑を徹底的に迫害しましたからね。

福島：ポル・ポトの前、シハヌーク時代は、中国企業とフランス企業が都市部で優遇されていた時代だった。ところが、シハヌークのあとの混沌の時代には、中国人、華僑は、民間でもずいぶん迫害されていたみたいですね。財産を持っていることを妬《ねた》まれていた。か弱い都市民の華人・華僑が、カンボジアの過酷なジャングルの農村に放り込まれ、妬みから過酷な労働に従事させられ、餓死や病死でバタバタと死んだようです。

宮脇：インドネシアでも、チャイニーズは迫害された。スハルトのときだって。

江崎：スカルノ政権時代には、インドネシア共産党は党員200万名を誇り、世界最大の共産党でした。その共産党を支援していたのが、中国共産党の周恩来であり、華僑たちでしたからね。よって、スカルノに代わって政権を握ったスハルトは反共の立場から、容共「華僑」たちを徹底的に弾圧しましたよね。

宮脇：インドネシアではチャイニーズは結構目立っていた。というよりは、もともと宗主国のオランダが、初めから政策として中国人を別の地区に住まわせたり、職業を変えたりと区別して、中国人ということがはっきりわかったから、迫害を受けた。

それに比べて、タイでは、古い時代からチャイニーズは相当入り込んで、すっかりタイ人になっている。名前を全部タイ語にしているのでわからないだけです。今のタイ人は、結構な数の人たちがチャイニーズの祖先を持っている。でも、自分たちはもうタイ人である、と考えているのかしら？

福島：華人・華僑を迫害したクメール・ルージュ幹部の多くも中国人の血筋ですね。ポル・ポトもイエン・サリもヌオン・チアも。

宮脇：カンボジアの中国人は来歴が何層にも分かれるわけよ。ものすごく古い流入層はすっかり溶け込んでいて、カンボジア人になり、カンボジア人との血縁関係も多い。だから次に来たのはこの人たちとか、その次がこのグループとかいうことが、結構はっきりわかるらしいです。

要するにチャイニーズは、16、17世紀から東南アジアに出ているから、簡単に一枚岩とはいえないわけです。

★華僑・華人はどれくらい中国人か

宮脇：インドシナに限らず華人はそれぞれの移住先で、最初は出身地別に分かれてケンカしていたし、ある時代からは、古い人間と新しく来た人間とで階級差のようなものができたり、親共産党か親国民党かでまた分かれたりというように、時代によって違うから、ひとくくりに〝チャイニーズ〟といっていいのかというのが、そもそもの大問題です。

夫の岡田英弘がよく言っていましたが、「チャイニーズネス」（中国人らしさ）ということが、華人・華僑、つまり海外のチャイニーズの間ではいつでも非常に問題になって、互いにどれくらい中国人らしいかを競争する。というか、自分が何者かというアイデンティティをそれで確かめる。

福島：だから、孔子学院が問題になるのですよね。

宮脇：福島さんがさっき言ったように、チャイニーズは、別に政治思想に忠実なのではなくて、そのときどきのチャンスにいつも忠実で、今どちらについたほうが得かで決める人たちだから、時代によっても、組む相手が違っていたり、主張の仕方が違っていたり、しかも、海外にいる人たちのなかでのランキングがあるから、どっちが有利かということを常に考える。さらに、いかに自分が地元に溶け込んでいるかということで威張るときと、いかに共産党から金をもらっているかで威張るときと、いろいろあるので、簡単には説明ができない。しかも、その表れ方が場所によって違うので、すごくおもしろいなと思う。

マレーシアでは、移民してきたチャイニーズの男性が現地女性と結婚して生まれたハーフの男子を「ババ」、女子を「ニョニャ」と呼びました。「プラナカン」という言葉もありますが、これも、マレーシアに根づいたチャイニーズの末裔《まつえい》のことです。一般に文化レベルが高かったので、プラナカン女性の伝統衣装を「ケバヤ・ニョニャ」、中華風マレー料理を「ニョニャ料理」と言ったりします。

鄧小平以降は、華僑・華人はみんなが中国人になろうとした、というか、中国人らしさを競った。そうでないと、北京から睨《にら》まれたり、お金ももらえないし、中国人になると、商売のチャンスが増える上、大陸に戻れるというので、非常に中共寄りになったじゃないですか。でも、今は、香港問題が起きたから、変化が始まっているのでは？

★東南アジアの華僑・華人は共産党寄り

福島：香港や台湾の動きと、ほかの華僑の動きというのは、わりと正反対をいっていると思いますね。香港って結構特殊ですよね。

宮脇：正反対というのは？

福島：東南アジアの華僑というのは、今、基本的には共産党に接近しているのですよ。嫌いだと言いながらもね。東南アジアというのは、商売、ビジネスとメディアに対しては、中国の影響力が圧倒的に強いのですよ。特にメディアなどはスポンサー企業の意向もあって軒並み親中派。華僑メディアは中共の資金が直接入って宣伝機関化していますね。実際に会って話せば、共産党の悪口も口にしますが、共産党のお金に頼らないとやっていけないので、多くの華僑は共産党に非常に忠実ですよ。

江崎：インドネシアのマスコミもどちらかというと、華僑資本系が強いので、中国寄りの報道が多いですね。よってインドネシアのマスコミだけを見ていても、インドネシアの世論が理解できるとは限りません。

福島：香港は１９９７年に中国にハンドオーバーされて、２０１１年くらいまではビジネスマンもメディアも比較的中国共産党に忠実にやってきたのですが、習近平政権が誕生してから、あっという間に嫌中、反中共のメンタリティになった。これは香港人にとっての核心的価値観である「法治」を習近平が破壊しようとしたから。香港の「法治」が守られていたら、たぶん、ここまで反中にならなかった。私は中国人であり香港人でもあるというアイデンティティのほうが多かったと思います。だから中共中央では今回の香港問題は、習近平の政策ミスだという見方も結構あるのです。

宮脇：じゃあ、習近平が代われば、また変わるか。

福島：私は、華人・華僑の特徴に、チャンスに乗る、強いものになびく、多数派に加わるという性質があると思っています。この１００年の歴史のなかで、今の中国共産党は中華政権としては最大最強ですから、普通の華人・華僑ならそちらになびく。だから、海外に留学していたり研究職で成功している華人を呼び戻す「千人計画」なども、途中まではうまくいっていた。それが、今失敗しかけているのは、やはり私は習近平政権のミス、オウンゴールの要素が大きいかなと。アメリカの態度が変わったのも習近平のオウンゴールですね。

江崎：特に香港の民主化弾圧は、結果的にアメリカの反中戦略を強化してしまいましたからね。

★中華思想はコンプレックスの裏返し

福島：米中対立が先鋭化して、香港の問題などが起きてくると、私自身も、ネット上やメールなどで非常に変な輩《やから》にからまれたりするのです。明らかに中国人なんだけど、日本人を装っていたりしていて。日本人を名乗っているから、日本国籍を取っている華人、いわゆる「ネット紅衛兵《こうえいへい》」「小粉紅《シャオフェンフォン》（ピンクちゃん）」と呼ばれる新華人、あるいは中国人留学生かもしれません。世界中にこうした、中華民族意識の強い、若い、比較的教育レベルの高い新華人が増えていて、忠実に中共の代弁者のふるまいをします。彼らは、昔の華人たちが中共に利用されて捨てられたり裏切られたりした経験や歴史を知らずに、今の中共政権の繁栄だけを見ている世代なので、華人としての自意識が高い。その一方で、外国に行くと何とも言えない差別や排斥《はいせき》にあう。そういうアイデンティティの微妙なところをついて、うまく洗脳され、「習近平はいい皇帝だ」みたいなことを本気かどうかは知りませんが叫び出して、中国に有利になるようにＳＮＳ上で世論誘導したり、反対意見を攻撃したりしています。

宮脇：中国の先兵になって働いているのですね。

福島：中国が「偉大」になっていることに対する、民族としての微妙な誇り、虚栄心を持っているのに、アメリカなどではすごく差別されている。

でも、だからこそ、中共は過去に、そういう華人たちを使って、何をしてきたかというのを、もう一度見直すことに意義があると思って、第三章を書きました。カンボジアの悲劇、ポル・ポトの悲劇などにも、明らかに、華人が使われていたのです。

今も、「香港のデモ参加者はアメリカの操り人形だ」とか、「本当は香港の若者たちが市民を虐殺しているんだ」などと言ってみたり、あるいは、アメリカで起きているＢＬＭの反人種差別デモの暴動化を煽動《せんどう》したりとか、中共の指示に従ってそういうことをしている華人はいます。トランプ政権が２０２０年７月22日にいきなりヒューストンの中国総領事館の閉鎖を命じましたが、この総領事館は華人留学生・研究者に対して、新型コロナワクチン開発の機密を盗んだり、スパイ工作にあたらせる「スパイ・センター」であったと、デビッド・スティルウェル国務次官補が指摘しています。１９５０～70年代のカンボジアなど東南アジアでの華人特務員も、中国の在外公館がセンターでしたから、同じことをやっているんですね。

ただ、アメリカに長くいる華人の多くはたぶん、本当はＢＬＭとかには近寄りたくないはずです。自分たちも差別される側なのですが、同時に自分たちも黒人には差別観を持っています。あまり自己利益にならないことには近づこうとしないのも、彼らの特性です。ですから華人＝スパイ、という見方は危険だと思います。

普通の華人なんだけれども、うまくコントロールされているのですよね。コントロールされているうちに本当の特務員になる人もいると思うのだけれども、彼らに信念や忠誠心があるわけではない。

中国共産党のほうも、だんだんと才能ある人間を選別していくのです。今、私たちにからんできている中国人というのは、特務とかそういうレベルではなく、単に民族のプライドとコンプレックス、あるいは望郷心を刺激されて、うまく乗せられて動いているだけかと。世論を意図的に誘導しているのではなく、誘導されている側かもしれません。

宮脇：それは、江崎先生がいつも言われている、ソ連共産主義がやったことと重なるわけで、本当のスパイではなくて、知らないうちに動かされてしまう人が、いっぱいいるわけですね。

江崎：共産党に騙《だま》されて利用される人たちのことを専門用語で「デュープス」といいます。

宮脇：だから、19世紀末からは、そういう時代なんですよ。人口が増えて大衆社会になると、アジテーション、煽動がうまいグループが政治的に優位に立つのですが、それをやるのが上手なのが左なのですよね。

福島：デュープスというのは、いかにも〝おバカさん〟みたいなイメージですが、非常にみんな有能なのです。有能だから使われるのです。知識人が。

宮脇：自分はこんなに才能があるのに、世の中はそれを理解してくれない、世の中に受け入れられていないという不満を持っている人は釣られやすい。

福島：微妙なところを突いてくるのですね。日本の左翼も結構、頭はいいし、学歴は高いのだけど、変な方向に走っているようなところも似ています。

宮脇：自分の実力を認めてもらっていないという不満が弱みになります。共産主義のオルグは極めて巧《たく》みで、そういう匂いはすぐにわかるらしくて、上手にその弱みにつけ込んでくる。全員が同じやり方で釣られていますね。

福島：岡田先生が、もともと中華思想というのはコンプレックスの裏返し、とよくおっしゃっていらしたけど、基本的に世の中を悪いほうに動かすのはコンプレックスかなと、改めて気づきました。

★中国人の「平和」は「相手を平らげること」

江崎：中国共産党は日中国交正常化前、１９５０年代の半ばに、北京に馬列《マーリエ》（マルクス・レーニン）学院という、日本人の工作員を養成するための教育機関をつくっているのです。約２０００人の工作員をそこでつくって、彼ら彼女らを日本に送り込み、学園紛争を起こさせた。60年安保闘争のときです。

　中国共産党が日本に拠点をつくったのはさらに古くて、満洲事変より2年前の１９２９年です。日本の主要大学に対日工作拠点ができて、中国国民党の国費留学生として日本に来ている中国人学生たちが次々に中国共産党員に勧誘されていきました。

宮脇：江崎先生の一連のお仕事は、そういうことを明らかにすることですものね。日本の大学では絶対に研究してくれない。この本でも、戦後の日本とカンボジアの政治的な関係を、江崎先生が親しかった只熊さんという人を通して、語ってくれていますものね。

江崎：ベトナム共産党、つまり北ベトナムを打倒するために、南ベトナム・反共ベトナム側の人間が日本に亡命政権の支部をつくりました。その支部は品川にあって、只熊さんたちも応援していました。私もこの支部の会合に何回か連れていってもらいました。

もう一つ、印象的な話をします。僕は天安門事件があったときに、中国の民主化運動に関わる人たちが中国に帰ることができず、日本に亡命するのを支援していたことがあるのです。彼らは研究者でしたから、コンピューターなどを必要としていました。それで、パソコン会社に勤める知人に相談して、当時、30万円以上もしたパーソナル・コンピューターを無償で援助してもらったりしました。ずいぶんと感謝されて、酒を飲んで話をしたとき、「江崎さん、われわれ中国人が『平和』という言葉をどういう意味で使っているか知っていますか?」と訊《き》かれたのです。

日本人にとっての「平和」というのは、英語の「Ｐｅａｃｅ」に近いですよね。ところが中国人にとっての平和は「和をもって、相手を平らげる」という感じだと。仲よくしつつ、相手を支配する。「じゃあ、英語でいう〝peace〟はないの？」と訊いたら、「言葉としてはあります。でも、語感としてないです。相手を平らげてはじめて、紛争のない世界ができる、というのがわれわれの考え方なのだ」と。それなら、どうしたらあなた方は共存を認めるのかと尋ねると、「自分たちはかなわないと思わされるなら、日本と共存ができる。それ以外の道はない」と。

★中国人は「妻も敵なり」

福島：先日、樋泉克夫先生と、ポル・ポトのやり方が非常に中国人的だという話をしたときに、クメール・ルージュの幹部たちもチャイニーズ系だから、メンタリティに似ているところがある、とうかがいました。たとえば、クメール・ルージュの兵士たちは、敵を殺したあと、その肝臓を食べていた、という史料が結構あります。アンジェリーナ・ジョリー監督の映画化でベストセラーになったカンボジア華人の手記『最初に父が殺された』（ルオン・ウン著、小林千枝子訳、無名舎、２０００年）のなかにも、おなかを切り裂かれて肝臓がなくなっている死体がいくつも見つかっていて、クメール・ルージュの兵士は敵の肝臓を食べると力が湧くと信じていた、という記述があります。中国語のオーラル・ヒストリーのなかにも同様の記述が散見するんですけれど、中国ではカニバリズムに関するエピソードが、地主を虐殺した土地改革から文化大革命に至るまで山のようにあります。樋泉先生は、そういう中国人の〝死体文化〟に造詣《ぞうけい》の深い方なんですけど、クメール・ルージュの殺戮の方法には、非常に中国的なものを感じる、ということでした。

樋泉先生は、クメール・ルージュが切り取った「階級の敵」の肝臓は中国に薬材として輸出していた、という話もされていたのですが、ちょっとその史料は見つけられませんでした。

ですが人間の「肝」や「脳みそ」「生殖器」の薬効が信じられており、文革時代の広西チワン族自治区で20万人が犠牲になった粛清の目的の一つに「食人」があったことが、カリフォルニア州立大学ロサンゼルス校の宋永毅《ソンヨンイ》教授の研究でも指摘されています。「廣西文革档案資料《タンアン》」といった共産党の秘密資料などがもとになっているんですけど、クメール・ルージュの虐殺の記録資料ととても似通っています。ベトナムにも同じような話があるそうですけど。

宮脇：だって、ベトナム人もチャイニーズだもの。シナ文化が入っていったところが、どんどんベトナムになるのです。

福島：そういう話をうかがったあとに、なぜポル・ポトというのはあのような大虐殺を行なったのかをうかがうと、樋泉先生は「彼らは都市民が憎かったのではなくて、ベトナムと華僑が憎かったのだ」と。でも、ポル・ポトは確か4分の1くらい華人ですよね。イエン・サリなどはもっと濃い華人。クメール・ルージュの幹部はみな、華人じゃないですか、とお聞きしたら、同族同士が虐殺し合うのは中国の伝統だよと。同じ華人なのに、都市の金持ち華人が憎いという、そういう近親憎悪にどうしてもいき着く。文革もそうだし、本当に悪いのはもっと上の人間なのに、自分の上司、工場長を虐殺したりするのと同じで、そういうのはよくあることだと言われました。

江崎：なぜチャイニーズはお互い、あんなに凄惨に殺し合えるのですかね。

宮脇：私の一番の興味はチャイニーズネス（中国人らしさ）なのです。中国人と日本人が、同じような顔をしていて、文化を教えたとか学んだとかいうけど、何をこちらが学んだのか、どうして今、文化がこれほど違うのか、というのが、私の一生の研究テーマです。

中国というより、古来シナは一つになったことがない。血縁、宗族だけが味方で、岡田英弘の言う『妻も敵なり』（クレスト社、1997年）の世界ですから。中国では村というのは基本、同族村で、言葉も通じない異民族の土地に一族の男たちが入植して、塀のある村をつくって、そのなかだけで暮らします。代々結婚する村だけは決めて、そこは同盟村で、それ以外は敵。でも、同盟村から来た女でも敵になり得る、一族ではないから。

福島：文革のときに、夫婦で密告し合うなんて普通にあったというのが、チャイニーズ的。だから、クメール・ルージュの内ゲバも、最終的には非常に中国的な展開なのかもしれないですよね。

宮脇：カンボジアという、ああいう、のんびりとしたところに行った人たちの上層階級が権力闘争をして、自分たちのどっちが上だと殺し合う形になったわけです。東南アジアというのは、北からおりてきた人たちが、乗っかっていく、そういう土地だということがよくわかって、一番最後に来たのがチャイナなわけです。それが、やがて完成するだろう中国のシハヌークビル支配につながるように私には見えるのです。

シハヌークビルは、海に面した領土がベトナムなどに切り取られてしまったカンボジアで、ほとんど唯一の海への出口です。そもそもアメリカがカンボジア独立のときにつくった港ですよね。それが、江崎さんが言われたように、カンボジアがアメリカを追い出して左寄りの国家になったあと、武器を南ベトナムに運ぶルートに使われた。アメリカが援助したのに、それを使って裏切られたわけです。日本も他人事ではないと思いませんか？

チャイナは人間も桁違いに多いし、生存競争も厳しいという点で、東南アジアの諸民族は太刀打ちできない。順番にチャイナに侵食されてきたわけです。

★「日本」も「天皇」も、大陸に呑み込まれないためにつくった

江崎：その構図は、日本にも当てはまりますね。

宮脇：日本はよくここまでガードしてきたと思いますね。それには地の利もありましたけど。

江崎：周りに海があったおかげ。

宮脇：でも、まだ終わっていない。李鵬《りほう》が言いました。来世紀には日本なんかないと。あれは本当にそう思っているわけです。行けるところにはどこまでも行く。力があればどこまでも押す。「韜光養晦《とうこうようかい》」（才覚をおおい隠して、時期を待つ）などというのは、力がないときだけ、騙しておけばいいというだけのことで、それに乗っかる日本人がアホなのです。歴史をたどれば明らかでしょう。私はそれをカンボジア史、東南アジア史から日本人に学んでほしいわけです。だから、タイはすごい。いずれにしても、踏ん張っているわけです。では、なぜ踏ん張れるかというと……。

福島：王様がいるから？

宮脇：違うの。タイはそもそもチャイニーズだから。先ほど言ったように名前だけタイなのです。言葉や文化に上手にインド風を取り入れて、でも、あの人たちは精神的にはチャイニーズなのです。トップクラスはみな、チャイニーズだけど、中国にだけは呑み込まれたくないので、タイ語になっているだけだ、と私には見えるのです。

江崎：チャイニーズに対抗できるのは、チャイニーズということですね。確かに私のインテリジェンスの先生は、中国に対抗したいならば、台湾とシンガポールの指導者たちから話を聞けとおっしゃっていましたね。

宮脇：ベトナムだってそうでしょう。対抗できるのは、あちらのやり方を知っているからです。

福島：チャイニーズに対抗できるのは、チャイニーズだけなのかあ。

宮脇：いいえ、歴史をさかのぼってみてちょうだい。日本をつくったのだって、そうなのだから。

福島：日本は、地の利のおかげで呑み込まれない、周りを海に囲まれているからというだけでなく、天皇陛下がおわす、からですか。

宮脇：私に言わせれば、違います。日本はチャイナに対抗するためにできた国だから。7世紀の末に、日本という国号と天皇という王号をつくったあと、断固として鎖国したのはそのためなのだから。シナ大陸には絶対に呑み込まれない。あちらに対抗できるのは、何かといえば、天孫降臨《てんそんこうりん》の天皇です。シナ皇帝よりもこちらのほうが上だ、こちらは万世一系で続いているのだからと。ただ、日本列島の原住民が「日本」や「天皇」というような漢字を思いつくわけがなくて、大陸からやってきた人たちがそういう筋書きをつくったのだと思うのです。

江崎、福島：ほう、なるほど。

宮脇：それが岡田英弘の古代日本論なのです。漢字に熟達していなければ、『日本書紀』も『古事記』も「天皇」という王号もできるわけがない。しかも、やってきた、漢字に熟達した人たちが、断固として、二度とあんなところは嫌だと、大陸に呑み込まれないために土着の倭《わ》王を君主にかついで日本を建国して鎖国した。倭国の時代はともかく、日本の天皇とシナの皇帝の間に、明治維新のあとまで直接の関係がないのは、鎖国が国是《こくぜ》だったからです。

江崎：皇室を支える国民的精神は日本古来のものだと思いますが、それを理論的に強化したのがシナの文化だという議論は重要な視点ですね。

福島：チャイニーズに抵抗できるのは、チャイニーズだけ！　もっとも伝統あるチャイニーズはわれわれだ！　みたいな。トランプ政権で一番、中共が嫌がる厳しい政策を提言しているのが、実は余茂春《ユマオチユン》（国務長官中国政策首席顧問・当時）という文革経験者の中国語ネイティブの華人官僚らしいです。その嫌がる政策というのが、中国共産党と中国人民の分断工作だと。つまり、中共の最大の敵は人民、なのだ、と。

★「精日」中国人を増やそう

宮脇：だからこそ、今、日本に逃げ込んでいる新中国人全員に、北京より日本のほうがいい、と思わせるのが大事だと思います。そうすれば、その人たちがもっとも手強い中国の敵となり、日本にとってもっとも手堅いガードになるのです。

福島：それはそのとおりです。

宮脇：福島さんがよく言われているように、日本が大好き中国人、「精日《せいにち》」（精神的日本人の意）を増やすということが、日本にとってもっともよい防衛なのです。

江崎：それは確かに、評論家の石平《せきへい》先生みたいな人が1万人ぐらいいると、日本はかなり強くなりますね。

福島：個人的な感覚ですけれど、どちらが多いかというと、在日華人には、むしろ石平さんみたいな人のほうが多いですよ。たとえば、東大や早稲田大に留学している学生たちの多くが「精日」とまではいわずとも、メンタリティは日本人に近い。

中国から来て、日本で勉強して、いろいろな知識を得て、日本の社会を知った人は、やはり中共はおかしいと思っているわけです。安倍首相のことも、初めて中国にまともに対抗し得る首相だよね、みたいなことを言う人もいる。

今の北京大学とか、清華大学とか、北京師範大学とか、あそこらへんから東大や早稲田に来た留学生よりも、東大や早稲田にもともといる日本人の先生のほうがよほど左翼だったりします。

宮脇：そうそう。日本も知識人は全然現実性がなくて、お気楽ですね。2017年に「軍事目的のための科学研究を行なってはいけない」という声明を改めて出した日本学術会議なんて、何を考えているんだか。

福島：東京の有名私立大学の留学生の話ですが、最近、その子の大学で、共産党の手先みたいな留学生が「共青団（中国共産主義青年団）」をつくろうという動きをみせているのですけど、それを大学が容認しているんですって。こんなのを許してはダメですよ、と。

江崎：日本の大学や民間研究機関にも中国人留学生が入っているでしょう。そこにはハイテク技術に関わるものがいっぱいあるわけですよ。そこで2004年に経済産業省が「大学における営業秘密管理指針作成のためのガイドライン」を策定して、知的財産保護のためのきちんとした協定書を留学生たちと結んでくださいという通知を出している。ところが、そんなことを留学生に押しつけるのはパワハラになるから嫌だと言って、大学の研究者たちがそれをやらなかった。

しかし、アメリカでも中国人留学生による技術漏洩が問題になったことから、日本もたぶん来年ぐらいから、政府の補助金を申請するにあたっては、外国のどのような研究機関や大学と提携しているのか、そこにいる研究者はどういうメンバーで、知的財産保護のためのルールはどういうふうになっているのかという情報開示をしなければ補助金をもらえないという仕組みに変わることになりそうです。

宮脇：ちょっと遅すぎますけどね。

さっき少し触れたけど、福島さんのファンで、もともと左の人が、自分の同志たちに対して、「無関係で安全だったときは夢みたいな国だと北朝鮮と中国を持ち上げて、日本を批判していてもよかったかもしれないけれども、そんなことを言っている場合じゃなくなったのだぞ」と言っている。

福島：そのとおりですよね。

宮脇：そういう立ち位置の人がそういう危機感を持ちだしている。それから日本に、東京には若い中国人がいっぱいいるでしょ、普通にしていると日本人に見えるけど中国語を話している。あるいは、逃げ込んできている人も多いのではないかと思います。

福島：それを全員、スパイだと言ってしまうか。

宮脇：それはわからない。ただ日本に来たい、日本人になろうとしている人もすごく多い。ただ、その人たちがどういう方向に進むかは、こちら、日本次第なのです。日本国の強さと覇気と出方を様子見しているわけです。中国人というのは8割が灰色と、岡田英弘が書いています。1割黒、1割白、8割灰色が中国人の普通の人生だと。何かが起こったときにどちらにでも転べるようにしておかないといけないから。

福島：そうなのです。だから、ものすごく政治の風向きに対して敏感というか。逆に信念とかイデオロギーがないのですよ。生き抜くということが最優先なのです。

宮脇：それがチャイニーズなので、だからこそ、こちら次第なのです。華僑も華人も、とにかくみんな同じです。

福島：最近、私がつくづく思うのは、中国人を攻撃するより、もう、習近平の悪口だけでいいのだということ。全部、習近平が悪い。習近平イコール中国共産党だから。できるだけ、中国人が悪いというふうに言わないほうがいいと私は思う。私自身はもう習近平の悪口しか言っていないです。

江崎：アメリカのトランプ政権も中国と中国共産党を明確に分けて論じていますしね。

★台湾と朝鮮と満洲の近代史を日本史の教科書に入れよう！

福島：カンボジアの華僑史を読んでみると、華僑がなぜ共産党にほだされて、命を捧げるまでして、使い捨てられても、あそこまで信じ込んでしまうかというと、コンプレックスに関係している。差別を受け、チャンスを潰され、ものすごく苦労して、でも、もともと素地がすごく優秀だったりするわけです。コンプレックスとか恨みほど恐ろしいものはない。中国人が嫌われる背景には、中国という国のやり方があまりにもひどいということがあるのだけれども、やはり、目の前にいる人に冷たくされるということの恨みのほうが圧倒的に強いから、私は中国人心理というものをもう少し勉強しないといけないなと改めて思いました。

宮脇：たとえば、天安門事件のときに、東南アジアや欧米に出た華僑は「私はチャイニーズではない」と言っていました。中国人ではない、私はこの国の人間になったのだからと言っていたのです。ところが、中国経済が世界第二位になった途端に、私はチャイニーズだと叫び出すわけです。中国が大国になったのを笠に着て威張るようになったのが今、目立っていて、ものすごくバッシングが始まったので、だからまた、そろそろ、血はチャイニーズかもしれないけど精神はこの国にある、というふうに、文化的な変更をはかっていると思うのです。習近平と一緒にしてほしくないと。そして、香港もすごく微妙ですね。

福島：２００８年までは、中国人であることが香港人の誇りであった部分もあるわけです。福島さんが書かれたように、途中まではチャイニーズだった。だって、香港があれほど盛り上がったのは、中国の二桁成長のおかげだったから。だけど、今はもう、10人に質問したら、8人までは「私は中国人ではない」と。いっそのこと、イギリスに併合してくれというような、そんな感じです。

宮脇：そういうふうに、一生の間で政治的な立場や思想が何度でも変わるのがチャイニーズだということを、日本人が知らなさすぎるので、対処を誤るのです。

福島：日本人はあまり苦労を知らないですよね。ある日突然、自分の運命が海のなかに投げ出されるような、すべての財産を失うような、命からがらどこかから逃げてくるような。

宮脇：敗戦のときにそういう目にあいましたよ。満洲で、朝鮮で、シナ本土で、台湾で、南洋で、樺太で。7世紀末の日本建国以来、初めての敗戦だったから、衝撃が大きくてまだ立ち直れない。

外地に660万人もの日本人がいて、その人たちが内地に引き揚げてきたのに、それをなかったことにしようとしている。台湾や朝鮮半島や南洋諸島が一度は日本だったということを子供たちに教えない。満洲は傀儡《かいらい》国家だったけど準日本みたいなものだった。そういう外地を完全に切り離して、日本列島の歴史だけを日本史の教科書として書く。つまり、教育が悪いわけです。

江崎：戦争に負けるということが、日本人にどれほど苛酷《かこく》な試練を与えることになるのか、引き揚げなどを例にきちんと教えるべきですね。

宮脇：戦前の日本領土と、大東亜戦争で日本になった地域と、大東亜共栄圏の地図を、少しずつ範囲が違っているのですけど、小学校の教科書の最初にバーンと出さなくて、何の教育か、と私はしょっちゅう言っているのです。

中国のようにウソをつくのではない。そこは本当に一度は日本だった。日本にしたところには責任があるから、こんなにＯＤＡ（政府開発援助）を出しているのですよ、開発を助けているのですよ、ということを小学校から教育しなくてどうするのというのが、私の意見です。

福島：もし、中国の毛沢東的な発想でいくと、あそこを取り戻さなければという話になるのですよね。

宮脇：中国だったらね、過去の王朝で最大版図になったところは潜在的にすべて中国だと考える。モンゴル人も満洲人もチャイニーズではなかったのだけど。だいたい、支配したことのない南シナ海ですら、シナという名前がついているのだから、それも歴史的に見て中国だ、というような人たちですからね。

日本人はとにかく縮小思考で、『日本書紀』に出てこないから、沖縄と北海道は侵略して取った、なんて左翼に言われて、そうかと思うような人たちです。だから、「自虐」というのはよく言ったものですが、今は外国だから関係ないというのは間違っている。日本だった台湾や朝鮮半島の近代史を、日本史で教えないのはおかしいです。

★日本はこれから東南アジアにどう対するべきか

宮脇：同じことを逆の見方をすれば、戦後の日本人は日本のことにしか興味がなくて、日本との関係しか見ない。大日本帝国はすごかった、大東亜共栄圏はすばらしかったと、保守の人たちも明治以来の成功ばかりを語る。中国人の目から見てどう見えるかなんて、誰も考えない。今回勉強してみて、３００年、４００年前から東南アジアにはチャイニーズが出ていっていた、とわかった。

中国人から見たら、自分たちがずっと先にインドシナに広がっていたのに、あとから出てきた新興の日本が、そこを全部奪った。もちろん、ヨーロッパ人を追い出したのは功績だけれども、でも、軍人が来ただけじゃないか。もちろん、商人は行っているけど、中国人から見たらそう見えるんだなあということを、今回、向こう側に立ってみて、日本の存在感は日本人が思うほど大きくないんだよということをね、私、すごく感じた。

東南アジアは、日本人が行ったからできた国じゃないのよ。日本人は最後の最後に渡った人たちで、いくら短い期間にいいことをしてあげたとか、近代化させたとか、平等に扱ったとか言ってみたところで、長い歴史から見たら、日本の存在感がいかに小さいかということを、日本人は知らなさすぎると思うのよ。

江崎：一方で、欧米や中国共産党に対抗できるアジアの国は、日本ぐらいなのも事実でしょう。インドもそれなりの力がありますが。もし日本が本気で対抗しようとすれば、アジアをめぐる国際的な政治力学は大きく変わっていくはずです。

福島：私は、日本人も捨てたものじゃないなと思うのは、香港などに行ったときに、東アジアや東南アジアをよくよく見ると、民主主義が成功していて、なおかつ、生活レベルが本当の意味での〝小康《しょうこう》社会〟（そこそこ豊かでゆとりある社会）を実現していて、平等で公正な国といえば、日本以外にない。みんなそう言いますよね。

宮脇：古くからたくさんのチャイニーズがアジアに出てきたけれども、内部での足の引っ張り合いと、国を重んじないということで、漢字文化圏が一つの世界にならなかった。だから悔しくて、今でも自分たちの文化の優位性を主張したり、日本に漢字を教えてやったとか言ったりするのは、劣等感の表れです。

福島：中華意識ということに関してここまでこだわるのは、国がないからですよ。

香港の社会活動家で、香港人の自決権を主張している周庭《しゅうてい》（アグネス・チョウ）さんは、2020年7月1日に中国が施行した「国家安全維持法」により逮捕されたので、みんな知っていると思うけど、かなり以前、『産経新聞』のインタビューを受けたとき、『産経新聞』が、彼女が言っていない発言を言ったかのように伝えたとクレームを入れたことがありました。『産経新聞』は彼女の発言として「私は（中国人とは認識で一線を画す）香港人だ」とクォート（引用）したんですけど、周庭さんは「中国人とは認識で一線を画す」とは言っていない、そんなことは言ったことも考えたこともない、とツイッターで言っていました。で、私は彼女にツイッターで、「では香港人であり、中国人であると思っているのか」と尋ねたら、「中国人というより〝華人〟という言い方がふさわしい」と答えました。つまり、香港人ですら、自分たちのアイデンティティを中華に求めようとしているわけです。

宮脇：だって、漢字文化圏しか依拠するものがないんだもの。

福島：でも、その中華を大きく打ち出しているのが中国共産党だから、今ここで「中華」と言ってしまうと、あなたは中国共産党支持者になってしまうよ、というところまでは言わなかったのだけど、周庭さんでも自分のアイデンティティを中華と定義するんだなと。

当時「脱華」といって、中華から脱しようとする動きが出ていたのが、台湾なのですよ。

今なら、たぶん、自分たちの中華を否定する香港人は1年前よりずっと増えているでしょう。もう、できることなら英国人になりたい、くらいかも。中国共産党は、中華というロジックで自分たちを支配下に入れようとしているから、そこから自由になるには、中華アイデンティティから脱するしかない。彼らのキーワードは、「法治」なのですけど、香港の法治の概念というのはイギリスのコモン・ローのようなところがあって、実は民主主義を実行するためには、中華の価値観では絶対あり得ない。それは絶対、西側の法治意識でないとダメだということに、香港は今、気づいているから。

宮脇：中華に対抗する文化概念が強力じゃないことが、彼らの悲劇なのよ。

福島：今の香港では、日本にずっと統治を任せていたら今頃、こんなふうにはならなかったかもしれない、というようなことを言う人も出てきているぐらいです。

台湾は、日本統治時代が今の民主主義の基礎をつくったとはっきり言っています。当時日本に迫害された台湾の知識青年たちが、民族意識に目覚めて運動家になったという、そういう悪い意味にも使いながら、台湾アイデンティティ形成に、日本統治時代が非常に意味があった。台湾の一般的な知識人なら、これは、みなさん認めていることですね。

香港は日本の統治が短かかったから、ゴメンナサイといったところですよね。

江崎：カンボジア旅行から帰ったあと、ある外交専門家と会ったのです。カンボジアで聞いたベトナム共産党の話を少ししたら、顔色を変えて、今のベトナムはそうはいっても民主化を一所懸命やっていて共産党の国といった捉え方をすべきではないと反論してきた。でも、共産党の一党独裁であることには変わりがないし、ビジネスだって制限が多いし、現在もカンボジアを植民地化しようとしているではないですかと問うたら黙ってしまった。さらにベトナムやカンボジアが共産党政権だという現実を踏まえないと結局、足元をすくわれませんかと話したら、ベトナムのことをよく知らないあなたにそんなことを言われる筋合いはないとか言って。

福島：逆ギレだ。

宮脇：開き直ってる。

江崎：その場ではもう反論しませんでしたが、危うさを感じましたね。

現在、中国の「一帯一路」に対抗して日本は米豪とともにインド太平洋戦略を推進しているわけですが、対アジア戦略を考える上でこの本は、これまでとはまったく違った視座、視点を提示していると思いますよ。

（2020年7月鼎談）

プノンペン市街中心、独立記念塔にて。左から、江崎道朗、宮脇淳子、福島香織。

あとがき

福島 香織

最後まで読んでくださってありがとうございます。

宮脇淳子先生にお誘いを受け、江崎道朗先生とライターのアプサラさんや扶桑社編集者の小原美千代さんらとともに、初めて訪れたカンボジアの旅先で、いろいろ見聞きし、考え議論したことが、こうした形で一冊にまとまり、読者のみなさまの思索の一助になったとすれば、本当に嬉しく思います。

旅では2019年12月15日から23日までの日程で、プノンペン市内の「トゥールスレーン虐殺」博物館や「キリング・フィールド」、コンポントム州の「サンボー・プレイ・クック」遺跡、国連ボランティアとして1993年の選挙監視員活動途中に亡くなった中田厚仁さんを記念した「ナカタアツヒト」村（アツ村）、シェムリアップ州の「アンコール・ワット」「アンコール・トム」遺跡群、戦場カメラマンの一ノ瀬泰造さんのお墓などをめぐりました。

悠久にして壮大な石造遺跡群に圧倒され、そこに残る近代史の爪痕に震撼し、夜ごと昼

故障したクルマの修理を待つ間も、ヤシの実ジュースを飲みながら熱い議論を交わした。

ごと、最高のカンボジア料理を食べながら、あるいは、トッケイヤモリの鳴き声が響く郊外の宿舎でウイスキーの盃《さかずき》を傾けながら、先生方と議論したり、現地の方々の貴重なお話に耳を傾けたりと、本当に熱く濃厚な1週間でした。

　レンタカーを借りて早朝5時にプノンペンを出発し、途中のサンボー・プレイ・クックやアツ村に立ち寄っても午後早めにはシェムリアップに到着するだろう、と予定を立てていたら、途中、車のファンベルトが切れるというアクシデントにあい、行けども行けども、ガソリンスタンドすらなく、このまま遭難するのか、というようなこともありましたっけ。それも、モンゴル草原のフィールドワークに慣れた宮脇先生や、何事にも泰然自若《たいぜんじじゃく》な江崎先生と一緒であれば、いらだつこともなく、むしろわくわくする貴重な時間となりました。

中国屋としては、観光地の中国人の多さに改めて衝撃を受けました。アンコール・ワット、アンコール・トムの二大観光地で中国人観光客の存在感は聞きしに勝りました。時代劇コスプレのようにおそろいの漢服を着て、遺跡の上でポーズをとってスマートフォンで自撮りする団体ツアー客が広い遺跡の至るところを占拠していました。彼らがいわゆる「絶景ポイント」から長く動かないので、不満の声をあげる他国の観光客やガイドを見かけました。なぜ漢服？　と不思議に思い、自撮りポーズを決めている中年中国人女性に尋ねると、彼女らは自作の漢族衣装をつくって世界中の世界遺産を舞台に写真を撮ってSNSにあげる旅行が趣味だ、と説明しました。「漢族のすばらしさを世界に発信するのよ！」と。

漢族による世界遺産の疑似征服みたいね、と意地悪な言葉を飲み込んで、その場は笑顔で別れたのですが、実際、観光地のチャイニーズたちの我が物顔のふるまいは、悪い意味

華流時代劇のような漢服を着て観光地をめぐる中国人女性たち。

アンコール・ワットの中心に集まる大勢の中国人観光客。

で強烈に心に刻まれました。観光客として来ていながら、私のバックパックのファスナーを勝手に開けて、財布を盗ろうとしてくる中国人男性二人組もいました。「何しているの?」と中国語で詰問すると、「何もしていない」ととぼけていました。常習犯なのか、出来心なのか。いずれにしても、中国人自身が中国人のイメージを貶《おとし》めており、現地のカンボジア人の方々の中国人観光客評も悪評紛々《ふんぷん》でした。この中国人の悪印象はシハヌークビルが一番強烈だ、と現地の方々から聞きました。「シハヌークビルは、もう中国人の街だ。カンボジア人は行きたがらない」という人もいました。

カンボジアの中国化を語る上では、シハヌークビルに行かねば、と年明け4月に訪問するつもりでいました。ところが年明けには、新型コロナ肺炎が蔓延し、カンボジア再訪どころか、日本国内の移動ですら慎重にならざるを得ない状況になりました。

この「あとがき」も、東京都知事からの「お盆帰省自粛」の呼びかけを聞きながら書いています。新型コロナ肺炎の流行は、中国湖北《こほく》省武漢で発生した当初、中国共産党政権の組織的な隠ぺいによってパンデミックを許したという点で、国際社会の中国への不信感を一気に高めるきっかけになりました。その前から起きていた、米中貿易戦争や華為《ファーウェイ》問題、香港問題と合わせて「中国の閉じられた全体主義」の拡張に西側自由主義社会として、どのように対抗していくべきか、というテーマを真剣に考えることが日本政府と日本人にとって切実に求められてきました。

そんな折に、歴史家である宮脇先生と、国際安全保障研究に造詣《ぞうけい》の深い江崎先生と1週間もご一緒してカンボジアを中心とした東南アジアの過去と現在と未来について語り合えたことは、視野の狭い中国屋の私にとっては本当に目からうろこの発見の連続でした。最大の発見は、今現在起きていることと過去の歴史の相似性と、東南アジアにおける日本のポジティブな歴史的役割と今の日本の存在感のなさの対比でした。お二人の示唆《しさ》があってこそ、私も中国の影響力を現在の中国共産党国家の視点からだけでなく、東南アジア華僑史や歴史的な意味での「チャイニーズネス」から調べ直そうと思いたったのでした。

こうした知的刺激と気づきをぜひ、多くの読者の方と分かち合いたいと思い、おこがましくも両先生との共著という形に参与させていただくことになりました。

タイやベトナムほど観光地としても市場としてもメジャーではない、しかし、東南アジアで今現在もっとも中国の植民地化が進み、傲岸不遜《ごうがんふそん》な中国人客があふれているカンボジアをテーマに、歴史と政治と日本と中国について多角的にコンパクトに分析と議論をまとめた本書は貴重でしょう。

おそらくこれから、米中新冷戦を軸にした新たな国際秩序の枠組みへの転換を伴う激動の時代が幕を開けます。第三次世界大戦前夜ともいえるような不確実性のなかで、日本と日本人が何をすべきか、どんな未来を描くか、迷われたときにはぜひご再読いただきたい。

旅行中の雑談まで書き起こしてくださったライターのアプサラさん、参考文献を探してくださった編集者の小原美千代さんの助力に深く感謝します。私をこの旅行と書籍の共同執筆者にお誘いくださり、江崎道朗先生、その他の方々との縁を結んでくださった宮脇淳子先生に改めて尊敬と愛を込めて、あとがきといたします。

２０２０年８月吉日

新書化にあたってのあとがき

福島　香織

中国の習近平が２０２２年10月の第20回党大会で総書記任期第三期目を続投することになり、中国共産党が集団指導体制の改革開放路線から、習近平個人独裁体制の毛沢東路線回帰の道を加速させるというタイミングで、本書が新書化され、新しい読者のお手元に届くことになりました。これは、大変意義深いことだと感じています。

本書は20世紀のカンボジア情勢と米中ソを中心とした国際情勢に対する考察が一つのテーマですが、当時の毛沢東の革命輸出やイデオロギーのアジアへの影響力、米中ソの対立構造などは今まさに進行中の国際社会の枠組み変動に相通ずる部分があると思います。

鄧小平は毛沢東の個人独裁時代の悲劇、大躍進や文化大革命の教訓から、個人独裁・個人崇拝《すうはい》を否定し、集団指導体制による経済優先の改革開放路線によって人民を豊かにすることに政治の重点を置くようになった。この変化に伴い、中国は革命思想の輸出をいったん中断します。

同時に１９８９年の天安門事件で民衆を戦車で鎮圧するという十字架を背負い、政治改革にはブレーキをかけた。この結果、経済は改革開放で市場化、自由化、グローバル化が進むが、政治は権威主義独裁のままで、党内の利権化、腐敗化、経済と権力の癒着、貧富の格差などの矛盾《むじゅん》が突出。この矛盾《むじゅん》解決を託された習近平は、文革時代の農村下放《かほう》によって刷り込まれた毛沢東思想に従うやり方しか思いつかなかったわけです。

粛清で利権集団を潰し、イデオロギー統制、管理監視強化の徹底で、党内・人民の不満、反対の声を恐怖で封じ込めた。経済を軽視し、習近平は党指導部から反対派のパージに成功し、集団指導体制はもはや機能しなくなりました。これが習近平第三期目スタートの意味です。この習近平路線を誰も阻止できなければ、毛沢東時代同様、習近平新時代のイデオロギー輸出が再開し、世界は20世紀半ばの不安定時代に回帰するかもしれません。実際、習近平は準警察機構を世界の華僑圏に設置したりして、その統治、監視網を広げつつあります。

おりしも、ロシアのプーチンによる戦争で、安全保障枠組み再構築の動きが加速しています。微妙に牽制《けんせい》し合っていた中ロ関係は中国が風上に立つようになり、イランなどが中ロに急接近。米国は中国をグローバル経済・安全保障枠組みから排除しようとしていますが、中国も反米新興国・途上国による新たな国際枠組み形成をもくろんでいる。そのコアとなるのが、上海協力機構や一帯一路であるとすれば、これは中央アジア、ユーラシア、東南アジアを巻き込むことになる。そしてこの二つの対立する国際枠組みのはざまにあるのが日本と台湾。

さて、この混沌の時代に日本がどのように活路を見出すのか。インドシナ半島の歴史を比較的微細に複数の視点から紹介した本書に、そのヒントを見出してもらえると自負しています。

2022年11月

江崎道朗 (えざき・みちお)

評論家。1962 (昭和37) 年、東京都生まれ。九州大学文学部卒業後、月刊誌編集、団体職員、国会議員政策スタッフを務めたのち言論界へ。安全保障、インテリジェンス、近現代史などに幅広い知見を有し、論壇誌への寄稿多数。2019年の『日本外務省はソ連の対米工作を知っていた』(育鵬社) で、第20回正論新風賞受賞。『インテリジェンスと保守自由主義』(青林堂)、『コミンテルンの謀略と日本の敗戦』『日本占領と「敗戦革命」の危機』『朝鮮戦争と日本・台湾「侵略」工作』(以上PHP研究所)、『日本は誰と戦ったのか』(KKベストセラーズ、第1回アパ日本再興大賞受賞)、『言ってはいけない!? 国家論』(渡部悦和氏との共著、扶桑社) など著書多数。

福島香織 (ふくしま・かおり)

ジャーナリスト。1967 (昭和42) 年、奈良県生まれ。大阪大学文学部卒業後、1991年、産経新聞社に入社。上海復旦大学に業務留学後、香港支局長、中国総局(北京)駐在記者、政治部記者などを経て2009年に退社。以降は月刊誌、週刊誌に寄稿。ラジオ、テレビでのコメンテーターも務める。『ウイグル人に何が起きているのか』『中国絶望工場の若者たち』(ともにPHP研究所)、『潜入ルポ 中国の女』(文藝春秋)、『中国複合汚染の正体』(扶桑社)、『本当は日本が大好きな中国人』(朝日新聞出版)、『孔子を捨てた国』(飛鳥新社)、『新型コロナ、香港、台湾、世界は習近平を許さない』(ワニブックス)、『コロナ大戦争でついに自滅する習近平』(徳間書店)、『中国の大プロパガンダ』(訳書、何清漣著、扶桑社) など著訳書多数。月刊誌『Hanada』、WEBニュース『JBpress』で連載中。ウェブマガジン「福島香織の中国趣聞 (チャイナゴシップス)」平日毎日+週末1回発行。
Twitter: @kaori0516kaori

宮脇淳子 (みやわき・じゅんこ)

東洋史家。1952 (昭和27) 年、和歌山県生まれ。京都大学文学部卒、大阪大学大学院博士課程満期退学。博士 (学術)。専攻は東洋史。故・岡田英弘 (東京外国語大学名誉教授) からモンゴル語・満洲語・シナ史を、山口瑞鳳 (東京大学名誉教授) からチベット語・チベット史を学ぶ。東京外国語大学、常磐大学、国士館大学、東京大学などの非常勤講師を歴任。『真実の中国史 [1840 - 1949]』『真実の満洲史 [1894 - 1956]』(ビジネス社)、『モンゴルの歴史』(刀水書房)、『最後の遊牧帝国』(講談社選書メチエ)、『世界史のなかの満洲帝国と日本』『中国・韓国の正体』(ともにWAC)、『満洲国から見た近現代史の真実』『皇帝たちの中国史』(ともに徳間書店)、『世界史のなかの蒙古襲来』、『日本人が知らない満洲国の真実』『朝鮮半島をめぐる歴史歪曲の舞台裏』(以上扶桑社)、『清朝とは何か』(共著、藤原書店)、『中央ユーラシアの世界』(共著、山川出版社) など著書多数。

扶桑社新書 454

米中ソに翻弄されたアジア史

カンボジアで考えた日本の対アジア戦略

発行日 2023年1月1日　初版第1刷発行

著　　者………江崎道朗・福島香織・宮脇淳子
発 行 者………小池英彦
発 行 所………株式会社 扶桑社
〒105-8070
東京都港区芝浦1-1-1 浜松町ビルディング
電話 03-6368-8870（編集）
03-6368-8891（郵便室）
www.fusosha.co.jp

校正………………皆川 秀
DTP制作………株式会社 カワセミ
印刷・製本………株式会社 広済堂ネクスト

定価はカバーに表示してあります。
造本には十分注意しておりますが、落丁・乱丁（本のページの抜け落ちや順序の間違い）の場合は、小社郵便室宛にお送りください。送料は小社負担でお取り替えいたします（古書店で購入したものについては、お取り替えできません）。

Printed in Japan ISBN978-4-594-09372-3